《培训》杂志策划

玩转微课
企业微课创新设计与快速开发

Unleashing the Power
of Micro-Learning

邱昭良　等著

江苏人民出版社｜凤凰经管

推荐序

技术正在成为一股新生的力量,既深刻影响着我们的生活,也深刻地改变着企业管理。在学习与发展领域,因互联网技术的革新而催生出来的各种学习思潮和学习方式日新月异,如新社化学习、移动学习、游戏化学习,等等。这些新的思潮和新的模式,让学习变得更加丰富多彩,也更加有趣和高效。

微课就是伴随互联网技术而出现的一种新的课程表现形式。它短小精悍,又隽永凝练,便于快速生成,广泛使用,灵活学习,高效转化,满足了VUCA时代企业对学习的需求。因此,这种新的模式一经诞生,就受到青睐和追捧。在最近一两年,我们看到微课已成为培训行业的显学,不仅企业高度关注,表现出极大的热情和投入度,而且相关的从业者也越来越多。

在我看来,一门好的微课必须同时包含这样几个要素:

一是精确选题。同所有的课程开发一样,选题要有针对性。在开发微课前也是需要做培训需求调研,只有能满足企业业务需求的课程,才具开发和设计的必要。一门课程开发出来,如果鲜有人问津,或者对业务不能提供应有的支持,其实是没有价值的。

另外,不是所有的课程都适合微课的形式。一般来说,合规性的培训内容更适合于微课,如产品介绍、规章制度、知识点等。而对于态度类的课程,长课或面授效果往往会更好。因此,微课不是包揽天下,不是什么内容都可以往里装。

二是精准选材，内容为王。用于微课内容呈现的元素要确切，结构之间一定要严密的逻辑，而不是素材的随意堆砌，所以微课的结构化非常重要。微课虽微，但微言大义，好的微课其设计与开发一定是严格遵守了教学设计与开发的基本原理，同时符合了成人学习的特征，发乎情止于"理"，而非从心所欲。

三是小而美，少即多。微课姓"微"，目前大家比较认可的时长一般3~7分钟，最长不能超过15分钟。此外，在课程形式呈现上要力求美感，无论是多媒体的使用，还是文字图像的处理，既要有丰富的表现手法，又要体现设计感，让学员易学乐学。

毋容置疑，微课已成为一种趋势，将在组织学习与发展方面扮演重要的角色。优秀的培训管理者人人皆想借力微课开展更有成果的培训，为业务提供绩效支持。但是，微课毕竟还是一个新生的事物，大家都尚在探索之中，从现状来看，真正好的微课还是不多见，这方面的参考图书在国内目前仍是空白。邱昭良博士编撰的这本书可以说弥补了这个缺憾。相信本书的出版，能给所有关注和参与微课开发的专业工作者带来极大的帮助。邱博士是我非常尊敬的专家，他对专业的深邃领悟、前瞻性的思维、敏锐的洞察，以及对趋势的敏感度和严谨的治学态度，都给我留下了深刻的印象。我们曾无数次就行业的发展，以及《培训》杂志如何更好地服务读者、推动和引领行业，进行过坦诚的交流，每一次，他都能给我新的启发和指引。我早已视同博士为知己。我也是邱博士的忠实读者之一，对他的这本新书，我已先睹为快，与阅读他的其他著作一样，感受到的是一如既往的真诚、专注和热爱。我相信读者在捧读本书时会同我的感受一样。

阅读是最美的姿态，让我们一起享受阅读的美好。

常亚红
《培训》杂志副主编

目录 Contents

前　言
微课:小荷才露尖尖角 / 1
微课:下一个金矿 or 凶险的沼泽 / 3

第 1 章　什么是微课
微课是一个任人打扮的小姑娘? / 6
一张图看懂微课的多重含义 / 8
微课的特点 / 16

第 2 章　微课是昙花一现,还是大势所趋
学习者:期待并推动微课的发展 / 21
职场环境:即学即用和即用即学呼唤"微课" / 23
学习技术:门槛降低、万事俱备引爆了"微课" / 26
微课之美,未来终将绽放 / 29

第3章 微课规划:设定框架

哪些内容适合微课 / 32

以微课满足员工五个学习需求时刻 / 34

微课的定位与9种应用场景 / 38

微课规划的策略与方法:ABCD / 46

第4章 微课设计:模式创新

微课设计不能套用传统教学设计方法 / 54

微课件设计原则与最佳实践 / 56

微课程设计的"四有"原则 / 59

微学习:整合学习体验 / 60

第5章 微课设计:六定七步

定选题 / 65

定目标 / 78

定内容 / 79

定结构 / 86

定创意 / 100

定形式 / 103

第6章 微课制作:"七步成诗"

选择工具 / 106

撰写脚本 / 108

搜集或制作素材 / 110

导入并排序 / 113

添加图形与文字 / 113

添加音频 / 114

导出 / 115

第 7 章　微课制作：工具实操

最常见的微课制作方法——PPT 转视频 / 119

快速课件制作工具——EverCam / 124

iPad 上的微课神器——Explain Everything / 131

互动式微课制作利器——Articulate 课件开发工具 / 143

H5 微课制作工具——炫课 / 148

第 8 章　微课制作：进阶技巧

小心！微课开发的 8 个误区 / 156

让你的微课一"名"惊人——如何给你的微课起名 / 159

PPT 页面布局与优化 / 163

提高微课的颜值 / 177

录微课，你准备好了吗 / 182

秀出好声音 / 186

第 9 章　在企业里玩转微课

不要让微课变成"一盘散沙" / 194

如何构建微课资源体系 / 196
"众包"——让用户参与进来 / 200

第10章 先行者的实践探索

万达学院：微课开发的"哑铃"模式 / 208
京东大学：全员集智，共创微课 / 214
中信银行信用卡中心：微课开发的"三板斧" / 221
新奥大学：工作辅助式微课助力员工发展 / 230
微课＋移动，为白云机场培训变革插上双翼 / 234
微课开发：为医务人员"减负"，为患者"增服" / 241

结束语 微课，等你来实践 / 247

附 录

微课教学设计模板 / 250
微课脚本模板 / 254

后记 不忘初心，方得始终 / 259

前　言

微课：小荷才露尖尖角

　　2006年，孟加拉裔美国人、毕业于麻省理工学院及哈佛大学商学院的萨尔曼·可汗，为了帮助在新奥尔良的表弟妹学习中学数学、科学等课程，在自家衣柜间里，用一台电脑、一块手写板，开始进行相关课程视频的录制，并将其上传到YouTube网站上。由于网站的限制，他的每段视频都在10分钟之内。

　　今天，以他的名字命名的非营利组织——"可汗学院"可能是全球规模最大的学校，估计有数千万学生参与学习。该学院所教课程全部免费，涉及数学、物理、化学、电脑、生物、天文、医学、金融、经济、历史、公民教育、美术史、宏观经济学、微观经济学及其他各种学科，从小学到大学，"你可以学习任何事情"。可汗学院的创立，除了引发了教育领域的"翻转课堂"革命，也引爆了"微课"的流行。

　　除此之外，在国外"微课"更早的实践还有美国北爱荷华大学LeRoy A McGrew教授提出的"60秒课程"（McGrew，1993）和英国利兹大学的T. P. Kee博士提出的"一分钟演讲"(Kee，1995)，以及独立教学设计与e-Learning顾问David M. Penrose提出的"微演讲"(Microlectures)。

在国内，一些学校也进行了以微视频为基础的翻转课堂实验。例如，广东佛山教育局胡铁生基于国内教育信息资源利用率低的现状，提出以教学视频为主要载体，记录教师在课堂教学中针对某个知识点或教学环节而展开的精彩教与学活动。

受上述实践及"慕课"(大规模开放在线课程，Massive Open Online Courses，简称MOOCs)流行的影响，"微课"近年来也快速流行开来。以中国知网收录的以"微课"为关键词的文献数量为例，在短短几年时间内，"微课"相关文献由2011年的1篇、2012年的2篇，跃升至2014年的687篇(如图1所示)，微课之火热由此可见一斑。

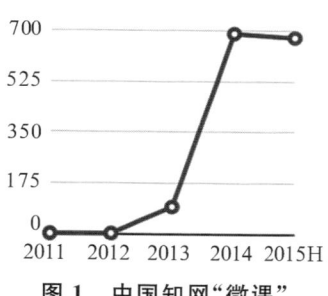

图1　中国知网"微课"关键词文献数量

微课的火热不仅局限在研究范围内，更蔓延到了企业培训领域。尤其是伴随着e-Learning、移动学习的快速发展，"微课"也迅速"蹿红"。2015年5月，《培训》杂志刊发了"企业培训迎来微课时代"的系列专题文章，并介绍了一些优秀企业大学的实践，引起了广泛关注。同年启动的"首届中国企业微课大赛"，也吸引了数百家企业、数千人参赛。

笔者2015年8～9月进行的微课调查结果显示，听说过"微课"的受访者高达97.4%，已经设计或开发过微课的占到了55.8%；表示"您所在组织已经开发了很多微课"的比例也占到了14.7%。当然,"刚刚开始设计或制作微课"的企业达到了42%,"准备开始"实践微课的占20%,"尚未开始"的为23%(图2)。由此可见,微课这种学习形式已经在企业范围内获得了一定的关注,目前和未来一段时间将成为企业学习的重点。

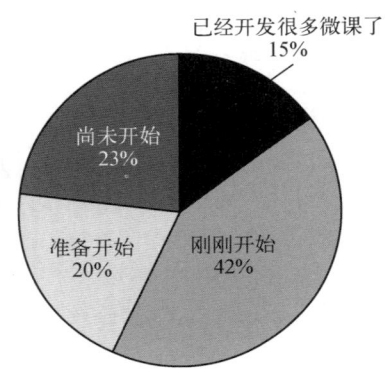

图2 微课是企业学习的热点

微课:下一个金矿 or 凶险的沼泽

但是,许多人对于"微课"的理解依然模糊,对微课的价值也褒贬不一。那么,微课究竟是什么?微课有哪些特征和价值?微课到底有没有未来?

对于大多数人来说,微课仍是一片未知的领地。

在我们进行的微课调查中,认为"微课肯定是大势所趋"的占到了56%,认为"不一定"和"不会"的也近一半(见图3)。有的人对微课的价值仍心存疑虑,不

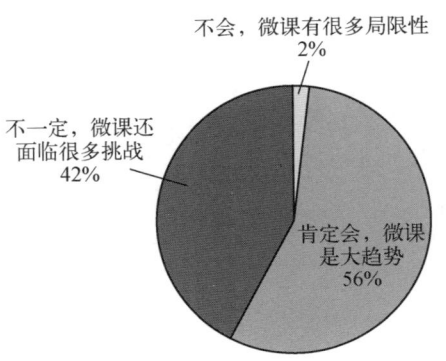

图3 被调查者对微课未来的看法

知道微课有没有未来。

我们的调查显示,在实际工作中,虽然很多人开始关注微课,但面临的难题仍不少(参见图4)。

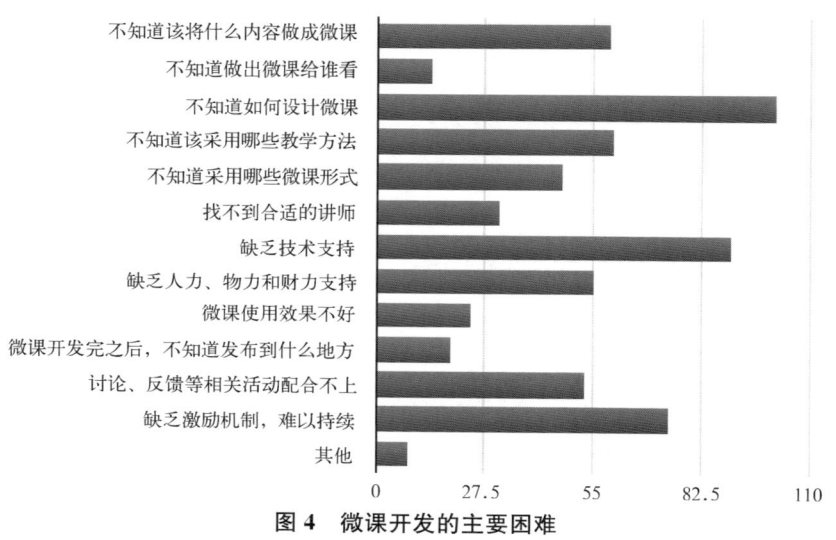

图4 微课开发的主要困难

从图可知,几乎在微课设计与开发的每一个环节中,都存在一定的困惑:不知道如何选题,不会设计,不懂制作且缺乏支持,不知道后续的应用……如果不能快速地攻克这些难关,很多人对微课的热情可能就会消退,即使制作出来的微课也质量堪忧,难以展现其应有的价值。因此,要想玩转微课,可能还有很长的路要走。

因此,什么是微课?微课是昙花一现,还是大势所趋?如何设计微课?如何制作微课?如何应用微课?……这些问题都值得我们去深入探索。

我们希望本书成为你在设计与开发微课道路上的引路人和同行者。

第1章 什么是微课

本章要点

> 作为一种新生事物,微课发展太快,以至于没有公认的定义,人们对微课也存在多重认识。从微课的构成要素、应用类型与交付载体三个维度,我们可以将微课进行系统的解析:按构成要素分,微课可分为微课件、微课程和微学习;按应用类型分,微课可分为以培训为导向的微课和以绩效支持为导向的微课;按交付媒体分,微课可分为线上微课和线下微课。

> 综合各方面的研究,我们给微课下的定义是:微课是以阐述一个简单、明确的知识点、技能项,或解决某个具体问题、完成特定任务为目的,以短小精悍的微视频或短时间的知识分享、学习交流活动为载体的学习资源或教学模式。

> 微课的特点包括短小精悍、简单聚焦、灵活多样、便于传播与更新、制作难度低。

微课是一个任人打扮的小姑娘？

现在,"微课"很热,无论是教育领域,还是企业培训界,大家都在关注和实践。但是,笔者发现,尽管大家都在使用"微课"这个词,实际理解却是五花八门,差异很大。例如,你通过网络搜索,就能找到很多种不同的解释,令人似是而非。

"'微课'是指按照新课程标准及教学实践要求,以视频为主要载体,记录教师在课堂内外教育教学过程中围绕某个知识点(重点、难点、疑点)或教学环节而开展的精彩教与学活动全过程。"(百度百科)

"微课是以阐释某一知识点为目标,以短小精悍的在线视频为表现形式,以学习或教学应用为目的的在线教学视频。"(焦建利,2013)

"微课是指为使学习者自主学习获得最佳效果,经过精心的信息化教学设计,以流媒体形式展示的围绕某个知识点或教学环节开展的简短、完整的教学活动。"(张一春,2013)

"微课又名'微课程',是'微型视频网络课程'的简称,它是以微型教学视频为主要载体,针对某个学科知识点(如重点、难点、疑点、考点等)或教学环节(如学习活动、主题、实验、任务等)而设计开发的一种情景化、支持多种学习方式的在线视频课程资源。"(胡铁生,2013)

"微课是以教学微视频为核心载体,基于一个学科知能点(如知识点、技能点、情感点等)或结合某个教学要素和环节(如目标、导入、活动、评价等),精心设计和开发的微型优质学习资源。"(胡小勇 & 胡铁生,2014)

从以上几位大咖的定义可知,大家对微课的定义仍未取得共识。有的认为微课是学习资源,有人认为微课是对教学过程、教学活动的展示或记录。事实上,就连研究微课的专家都不讳言:"微课发展太快,来不及定义。"确实,这就是目前现状的真实写照。

笔者2015年10月的微课调查也显示出大家对微课的理解呈现多样性(图1-1):

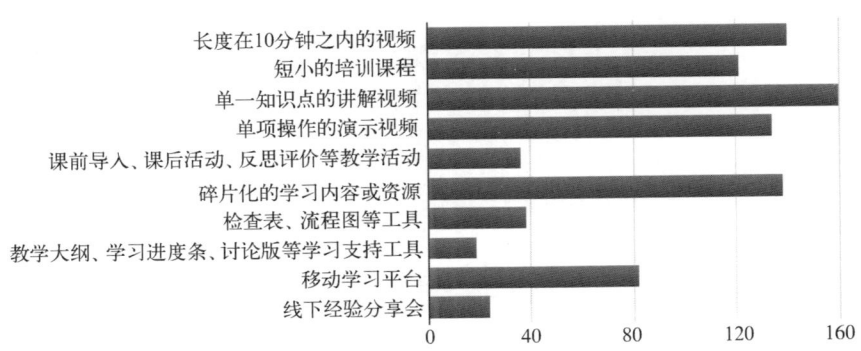

图1-1 对微课的理解调查结果

从调查结果来看,大家对于"微"的理解比较一致:短小精悍(长度不超过10分钟、短小的培训课程)、简单聚焦(单一知识点的讲解视频、单项操作的演示视频)、碎片化的学习内容或资源,以及与移动学习相关的微视频等。

然而,对于"课",却存在着多种不同的理解:一方面,有观点认为,微课可以是简单、短小的在线视频,以及零散的、碎片化的学习资源或活动;另一方面,也有人认为,既然是"课",再短小也要"五脏俱全",教学目标、导入过程、回忆旧知、引入新知、练习、反馈等各个教学环节都不能少。

同时,虽然大多数人认为微课是在线学习资源或活动(见图1-2),如微课在企业中的主要表现形式为微信/微分享、e-Learning课件、移动学习内容,也有不少人认为"与线下培训结合的混合式学习"、"短小的培训课程"、"线下经验分享会"等也属于微课。

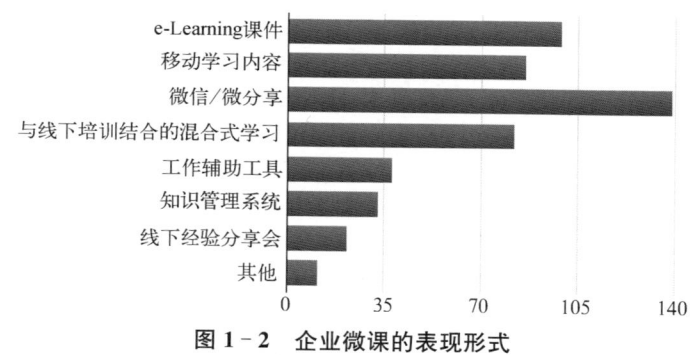

图1-2　企业微课的表现形式

在我看来,微课的确具有多重含义,我们不能狭隘地理解微课,应看清微课的构成要素、应用类型与交付途径。

那么,在企业学习的背景下,我们究竟该怎样理解微课呢?

一张图看懂微课的多重含义

在西方,人们使用"micro course"、"micro lecture"、"bite-sized content"等多个词组来称呼这一现象,但中文却基本上统称为"微课"。因此,这一术语包括"多重含义"。如果不加以区分,我们在实践中就会产生诸多困惑。

那么,到底什么是"微课"呢?怎么理解微课的多重含义呢?

让我们拿一个魔方来打比喻,可以从横向、纵向和侧向三个维度,对"微课"进行剖析(参见图1-3)。

扫码听微课

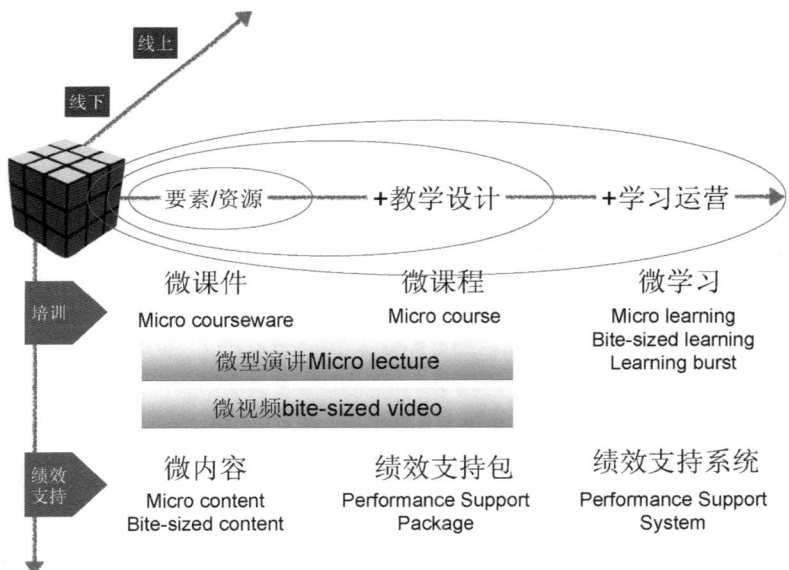

图1-3 微课的多重含义

微课的三层构成要素

如果我们将微课视作一个有机体,那么"课件"便是它的细胞,教学设计是其骨架,整体的学习运营则是血肉,三者缺一不可。让我们逐层来分析。

□ **微课件**

微课最基本的构成要素或表现形式是承载学习内容的"课件"。通常我们所说的"微课"一般都指的是"微课件"。大多数微课件都比较短小精悍,讲明白一个知识点、解决一个问题或者展示一项技能的操作。从表现形式上看,"微课件"可能是视频、图片、文字等内容,也可能是流程图、检查表等工具,其最大的特点都是内容少而精;学习时间短,通常不会长于10分钟;集中讲解一个知识点、解决一个问题或者展示一项技能操作。这是"碎片化"的内容元素、学习资源,就像一颗颗珍珠。

□ **教学设计**

虽然微课时间有限,无法按照传统教育的模式来进行教学设计,但如果没有教学设计,一个个孤立的微课件很难发挥其应有的价值,就像一盘散沙。因此,围绕一类人群或某些目标,经过教学设计,将相关的"微课件"组合起来,就形成了"微课程"。

按照一般的理解,"课程"是一个系统,不仅包括"课件",还包括教师、学习者、学习目标、教学策略、学习过程等要素,是这些要素的组合。这就像用一条线,把很多颗珍珠穿成一串项链。

得益于教学设计,我们可以精准地定位微课服务于哪一类人群,分析特定学员的学习需求,明确要解决的问题或实现的目标。同时,也可以把众多碎片化的内容、资源和工具以及学习活动有效地组织起来,运用适当的教学策略,使微课真正发挥作用。只有有了体系化的教学设计,微课才形成了拥有教学目标、教学策略、教学内容等要素的系统,也就是完整意义上的课程,更加方便员工学习。因此,让"微课件"变得对学习者更有意义的是"教学设计"。

当然,我们必须找到适合微课的教学设计方法与模式,不能照搬传统的模式。

❏ 学习运营

设计好的"微课程",一旦交付实施,运行起来,站在学习者的角度,就可被称为"微学习",就像学习者带上了项链,表现出优雅。相应的英文包括"micro learning"、"bite-sized learning"、"learning burst"等。

调查显示,50%的微课设计者遭遇过"讨论、反馈等其他活动配合不上"的困难,而按照远程教育的理论,在师生时空分离的情况下,讨论、反馈等学习支持活动是保障学习效果的必要手段。对于微课,多数以线上学习的形式呈现,属于远程教育定义中所说的"师生时空分离"。而由于微课本身时长极其有限,很难在一节课程中融入所有的学习支持活动,因而建立系统的架构,将讨论、反馈等纳入微课系统之中非常必要。

为了解决这个难题,类似MOOCs、翻转课堂此类的混合式学习,是一个很好的策略。以MOOCs为例,定期开课,每周推送若干个10分钟之内的微视频和一些案例、扩展阅读资料,还有一些个人作业或团队作业,以及团队交流、论坛等学习渠道。相对于传统的e-Learning,MOOCs在设计和运营方面的创新是其特色,以微课件为基础,按照学习目标进行体系化的教学设计,并辅之以教学运营,从而形成了一种整合的在线微学习体验。

需要注意的是,还有其他一些术语,如"微分享"、"微视频"("micro lecture")等,可能是微课件,也可能是微课程,需要具体加以区分,看其是单独的知识点,还是有若干知识点和教学设计,不能一概而论。这方面的典型代表是 TEDx 演讲、Youtube 网站上的"微视频"等。

以上内容我们主要是从教育或培训角度以及沿着构成要素(也就是组合叠加)的角度来谈的。就像文中关于项链的比喻,对于大家理解微课的构成可能有一定帮助。

微课的两种应用类型

事实上,除了以培训为导向的学习行为,企业中还有另外一些学习资源和设计、交付方式,我们称之为"以绩效支持为导向的学习",这是从类型(也就是学习的形式)的角度来看的。

综合美国学者 Allison Rossett、Conrad Gottfredson 与 Bob Mosher 等人的看法,我们认为,"绩效支持"(Performance Support)指的是为员工或团队提供完成工作所需的信息、知识或经验、工具与流程步骤等方面的支持,帮助其更快、更好地达成目标、提升绩效。

扫码听微课

按照这个定义,绩效支持有如下要点:

- 主要面向一线员工和基层管理者:由于一线员工和基层管理者(如店长、督导、区域经理等)岗位职责清晰、工作任务明确、存在一些常见问题或经验、诀窍,可以更好地设计并实施绩效支持,促进其绩效提升和改善。

- 提供完成特定工作或任务、解决问题所需的信息支持:绩效支持的目的是促进员工更好地完成工作或特定任务。因此,通常是在员工需要的时刻,为其提供与特定场景相关的具体指导或帮助,主要是一些经验、操作步骤、工具与方法等,无需员工记忆,也不需要复杂的技能,只要具备基本的条件,按照具体指导一步一步地操作,就能完成任务或解决问题。

■ 通常发生在工作现场:与培训或提升员工技能的训练不同,绩效支持通常发生在工作现场,发生在挑战或问题出现的时刻,因此不能离开工作现场,也不能接受系统化的训练。但是,通过绩效支持系统,可以让员工逐渐提升完成工作的技能、积累经验,达到训练的目的。

需要说明的是,绩效支持并不是什么新东西,长期以来,它一直默默地存在于我们身边——从你去银行办理业务填写单据的样例到楼道里消防器材使用说明;从地图到GPS;从师傅教给徒弟的一些工作诀窍、表单或流程图,到收银员使用的试算表……据调查,有85%的组织曾在在岗培训(On-Job-Training)中应用过某种形式的绩效支持工具。但是,它不同于传统的培训或人才发展,在大多数企业中也未得到系统的规划与管理,处于一种放任自流的状态。

从上面的论述可知,绩效支持更适合用微课的方式来满足。因此,微课在绩效支持方面大有可为。

同样对应于上述三个层次,一些绩效支持内容,如一页纸的操作指南、流程图、检查清单、信息图等,是与"微课件"相对应的"微内容"。

根据不同岗位员工的需要,将这些"微内容"组合起来,加上类似于教学设计的推送或匹配机制,就形成了"绩效支持包"①,指的是,面向不同的员工,提供不同类型的绩效支持内容,并用不同的形式呈现给他们最合适,类似于一种解决方案。

此外,在企业内部需要搭建起一整套系统,来实施或支撑这些

---

① 这是我个人给它起的名,相信以后会流行起来。

"绩效支持包"的设计、开发、运营、使用、更新,这就是"绩效支持系统"。如果没有这样一套系统,你做了大量的微课,可能就是一盘散沙。这样一套系统就是把大量碎片化内容整合起来的一个框架。

简言之,"绩效支持"系统约等于企业中职场相关的非正式学习,它是和以培训、传统 e-Learning 系统为代表的正式学习并列的、企业学习体系中另外一项不可或缺的构成要素(参见表 1-1)。

表 1-1 培训与绩效支持的区别

	培训	绩效支持
成果的价值	• 全面帮助人们做好知识、能和态度上的准备 • 需要记忆和重复以及人的行为改变	• 侧重于具体工作任务或问题的解决 • 提供外部信息支持
行为的成本	• 通常比较昂贵	• 物美价廉
适用情况	• 在非常重要的情况下(比如说核安全、药品实验或者军事行动),需要明确的能力和素质,培训是非常合适的	• 适用于因为文档不全、流程不合理,或者低效率的资源和工具等原因导致的工作表现不佳

来源:Allison Rossett,2006

事实上,调查显示,绩效支持是最适合移动学习的内容之一,也是在线"微学习"范畴的重要内容。基于绩效支持的微课也将是企业微课的重要组成部分。

微课的两个交付途径

当然,无论是培训导向,还是绩效支持导向的"微课",都有线上、线下两种交付途径或渠道。这是从学习的媒介或载体的维度来分析。

□ **线上微课**

线上微课指的是利用手机、互联网等信息通信技术和手段，通过微视频、微分享、虚拟课堂等方式，更方便、灵活地满足大量学习者多样化的学习需求。实际上，"微课"的流行与在线教育的快速发展有很大关系，可汗学院和MOOCs等都推动了微课的普及。时至今日，许多人仍将微课等同于在线视频课程。

□ **线下微课**

不只是线上，线下也有微课。所谓线下，指的是通过面对面人际互动的方式，为学习者提供更充分、实时、个性化的互动。例如，一些企业利用班前会、班后会、团体复盘会议等方式进行微分享；一些培训师将原来需要数天的面授培训拆分成若干模块，通过翻转课堂、混合式学习等方式来交付，也是一种努力。

在我看来，线上和线下各有不同的优势、劣势，有其适用条件，需要灵活组合，不可偏废。

总结：微课是个综合体

综上所述，微课是一个由多个要素组成的综合体，有不同的目的，也有多种应用与表现形式，既可能是在线学习资源（如微视频），也可能是线下短小的学习活动。无论哪种形式，微课都应该短小精悍，简单聚焦，便于创作与分享，灵活多样。

所以，在本书中，我们给微课下的定义是：**微课是以阐述一个简单、明确的知识点、技能项，或解决某个具体问题、完成特定任务**

为目的，以短小精悍的微视频或短时间的知识分享、学习交流活动为载体的学习资源或教学模式。

按照这一定义，微课的含义包括下列几方面：

- 微课的核心价值在于以碎片化、聚焦的方式（包括阐述单一知识点、技能项或解决问题、完成任务），促进学习和绩效表现，其特征是简单、明确、具体、特定、短小精悍（即"微"）；
- 微课不只是用于培训，也可用于完成工作（绩效支持）；
- 微课不只是线上（微视频，或通过社交媒体网络进行的短时间分享、在线交流），也可在线下（短时间的面对面知识分享、学习交流活动）；
- 微课不只是学习资源，也是一种教学设计与实施模式。

微课的特点

在笔者进行的微课调查中，受访者认为，微课最大的价值在于"简单聚焦"、"短小精悍"，以及由此导致的"易于传播"、"灵活多样"、"便于通过移动设备观看"（参见图1-4）。

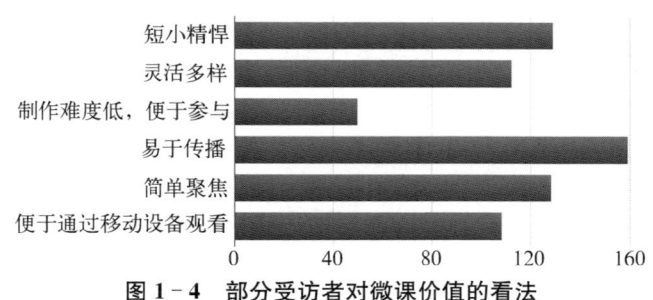

图1-4 部分受访者对微课价值的看法

☐ 短小精悍

尽管微课有许多不同的形式,但所有微课最大的特点都是"微",体现在时间短:线上微视频通常为5~8分钟,一般不超过10分钟。即使一些线下"微分享",如 TED Talk,也只有18分钟左右。这样可以让大家利用碎片化的时间,也降低了制作、学习的难度,便于传播,也增加了灵活性。

☐ 简单聚焦

要想做到时间上的短,内容上必须目标明确、焦点集中,一门微课往往只围绕一个知识点,解释一个概念、说明一个问题、阐述一项任务或工作,或者讲解一个案例。

同时,由于微课时间短,不必有复杂的教学设计,以有趣或简洁的方式把主要内容("干货")解释清楚、讲解明白即可。

☐ 灵活多样

因微课主题单一,形式也多种多样,可以是视频、音频、图文、互动网页等多种格式。

相比于传统的面授培训以及 e-Learning 课件,微课由于其短小精悍而具有的最大优势之一,就是可以即学即用。员工可以在不离开工作岗位的情况下,花短短几分钟时间学习一节课程,并迅速把得到的信息应用到工作中。

得益于内容的"碎片化",微课一方面迎合了学习者注意力变短、即时性的学习需求,另一方面也便于学习者利用碎片化的时间进行随时随地的学习。

❏ 便于传播，快速更新

在移动技术快速发展的今天，微课因其之"微"，形式多样而且"分散化"等特点，可以很方便地通过智能手机、社交媒体工具等移动互联网传播，加上社交媒体所具有的及时性、互动性，不仅可以快速实施培训、为学习者提供支持，还可以快速获得点评与意见反馈，对内容进行迭代、修改或更新。

同时，随着智能移动终端的普及，让微课直接服务到每一个人绝非难事。在许多企业中，一线员工不可能有足够的时间参加面授培训，也没有便利的条件去 e-Learning 系统学习课程。为此，利用几乎人手一部的智能移动终端，为员工推送量身定制的微课程，成了这些企业提升一线员工能力、为员工提供绩效支持的最好选择。如顺丰嘿客店通过移动学习平台，向员工推送短视频、图文资料、消息通知、调查、考试等微课内容，让员工通过手机边干边学，便体现出了绩效支持导向型微课的巨大价值。

在我看来，微课与移动学习二者相得益彰，如天作之合。

❏ 制作难度低，便于"众包"和员工参与

由于时间和内容上的"微"、教学设计的"简化"，降低了微课制作的难度。过去，制作培训课件往往需要专业人员，花费很长时间，进行内容萃取、教学设计和交付。而现在，这一壁垒正在瓦解。虽然微课程和微学习的设计与运营仍需一定专业能力或经验，但随着移动互联技术的快速普及，普通人只要有一技之长，借助简单易用、免费可得的工具，都可以制作出高质量的微课件。因此，这降低了微课的门槛，可以让大量非专业的业务骨干，甚至是一线员工都参与进来。未来可能形成每个学习者既是内容的消费者，也是内容创作者的局面。

第 2 章　微课是昙花一现，还是大势所趋

本章要点

> 从学习者、职场环境和学习技术三个方面进行分析，我们认为微课是大势所趋，未来终将绽放微课之美。

> 从学习者的角度看，他们在满足其信息需求时出现了"移动优先"的倾向，视频消费量快速增长，注意力变短，并依赖社交媒体，有很强的参与感和创作、分享意愿。因此，以移动学习、短视频为典型特征的"微课"获得了职场学习者的青睐，成了"新人类"的最爱。

> 从职场环境看，"微课"的兴起一方面可作为正式培训或 e-Learning 的补充，也可对正式学习进行再造，有助于提高正式学习的效果；另一方面，充分利用"微课"贴近业务的特性，可为员工的实际工作提供绩效支持，使其在工作现场即可得到有针对性、及时且"刚刚好"的支持，从而直接促进绩效改进。

> 从学习技术的角度看，微课形式多样，制作简单，稍加培训，人人皆可上手，同时可通过社交媒体快速分享与反馈，便于个人参与，也得到了移动学习系统的支持。

近年来，随着"新人类"成为职场主力军、移动互联网技术的快速发展，在教育和企业学习领域引发了剧烈的变革，新的学习模式和技术层出不穷：移动学习、慕课、翻转课堂……其中，"微课"——一种短小精悍、明确聚焦、即学即用的学习资源与形式，受到了广泛关注。

那么，"微课"的火爆到底是"叶公好龙"式的"昙花一现"，还是未来企业学习的"大势所趋"呢？

众所周知，学习是学习者在特定环境中，运用某些技术，进行信息获取和应用的过程。因此，要了解微课是否有前途，需要我们从学习者、职场环境和学习技术三个方面进行分析（如图 2-1 所示）。

扫码听微课

图 2-1　影响学习的要素

学习者：期待并推动微课的发展

从学习者的角度看,"80后、90后"已经成了职场的"主力军"。他们是伴随着互联网、手机等现代通讯技术发展而长大的"数字时代原住民"。他们要求"随时在线",对新技术熟悉而敏感,使得他们利用移动终端进行随时随地学习成为可能。但是,长期浸润于快节奏的数字环境,也使得他们的认知习惯、学习行为等发生了显著变化。这突出表现为下列特征：

☐ **移动优先（Mobile First）**

据IT调查公司Canalys的报告,2011年第四季度,全球智能手机的出货量首次超过了PC。之后,这一趋势逐渐扩大(参见图2-2)。同时,伴随着3G/4G网络、Wifi的普及,移动设备的可用性与使用体验都得到了大幅改善,以至于现在,当我们遇到一个难

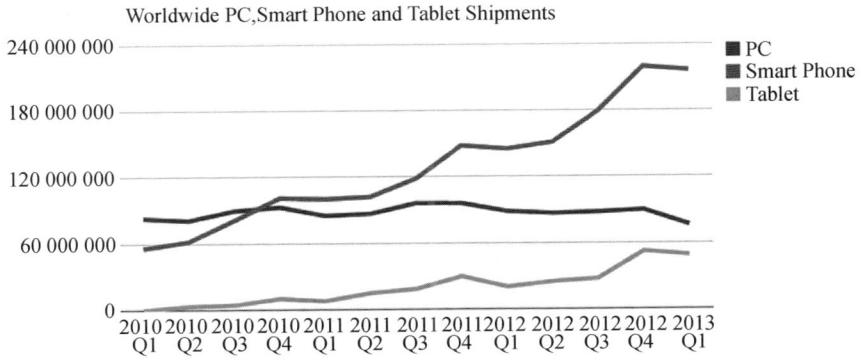

图2-2　全球PC与智能手机的出货量

资料来源：Canalys，2013

题，或者需要寻找某些信息时，许多人首先想到的，不是去电脑上查一查，而是拿出手机上网搜索。这被称为"移动优先（Mobile First）"。年轻人对智能手机和互联网的"依赖"更加明显。根据 eMarketer 公司最新调查，2014 年，美国成年人在移动设备上花的时间首次超过了 PC。

□ 视频消费量增长

eMarketer 最新的调查表明，在美国，成年人平均每天花费 5 小时 31 分钟观看视频，其中通过各种数字设备观看在线视频的比例持续走高。2011 年，通过数字设备（PC、手机和其他联网设备等）观看视频的时间只有每天 21 分钟，而 2015 年这一数字为 1 小时 16 分钟。这不仅仅是"新人类"独有的特征，就连 60、70 后的人也消费更多视频。

□ 注意力变短

美国科技作家尼古拉斯·卡尔在《浅薄：互联网如何毒化了我们的大脑》一书中指出，随着互联网的普及，许多人患上了"习惯性浅阅读症"，正在丧失深度学习所需的专注力、深入思考和自省的能力。虽然对此仍有不同看法，但人们注意力变短似乎已是一个不争的事实。例如，著名 MOOCs 平台 edX.org 在分析了 690 万条视频观看记录后发现，无论视频有多长，用户实际观看时长的中位数都不会超过 6 分钟。换言之，人们的持续注意力时长只有短短 6 分钟而已。因此，为了吸引学习者参与，微课在教学形式更加注重互动、灵活的同时，内容也日益碎片化，要求"时间短"、"干货多"。事实上，"微课"已经成为 MOOCs 和翻转课堂的标准配置。

□ **社交媒体、参与感与"创客"**

"新人类"对社交媒体的依赖性很强,他们注重互动、参与,愿意创造并与他人分享。据知名互联网研究机构 Pew 研究所 2013 年调查表明,随着在线视频消费量的快速增长,成年网民上传自己或他人创作的视频的比例也显著提升,从 2009 年的 14% 上升到 31%。其中,50 岁以上(18%)和以下(36%~41%)的人群存在显著差异,年轻人更喜欢与他人分享视频。在最受欢迎的视频类别中,"如何做"(56%)和"教育"类(50%)视频仅次于"幽默/喜剧"(58%),颇引人注目。这一趋势直接催生了"微课"的普及。

因此,我们认为,以移动学习、短视频为典型特征的"微课"获得了职场学习者的青睐,成为"新人类"的最爱。事实上,我们也可以说,"新人类"是"微课"的消费者、创作者和推动者。正是由于新人类的推动,微课才获得了快速普及和发展。

职场环境:即学即用和即用即学呼唤"微课"

除了企业内部"新人类"成为职场主力军,当今外部商业环境也呈现了多变、不确定、复杂、模糊等"新常态"(人们常把这四个英文单词的首字母串起来,简称为"VUCA")。新的职场环境为企业培训与人才培养带来了四方面的挑战:

□ **快速调整培训内容**

为了应对 VUCA 的挑战，企业要快速推出新产品、优化业务流程、创新营销推广，这导致企业培训的内容需快速调整。像过去那样，一些培训课程开发出来之后可以讲很久的日子已经一去不复返了。

由此可见，当今时代对组织学习提出的一项重要挑战就在于快速应变——如何在有限的时间里，快速调整，满足企业业务发展和学习者的需求？为此，简单、灵活、可以快速开发与实施的"微课"成了一种睿智的选择。

□ **从以"专家"为主开发内容转移到让"民间高手"参与**

由于客户需求多变，经营与管理环境日益复杂，企业很难"一刀切"地对所有细分市场上的客户需求进行应变，而是要让"听得到炮火的人"做出决策。这样不仅导致"高手在民间"，会发展出大量的本地化"诀窍"，而且让过去由总部或专家拟定并实施统一培训的模式失效了，需要让大量分散的"民间高手"参与进来，并起主导作用。

从这一点上看，传统的培训课程设计与交付均离不开专业的技能（如掌握课程开发、教学设计、培训和引导技巧等），开发难度大、周期长，而"微课"降低了内容设计与开发的难度，可以让"民间高手"甚至全体员工都参与进来。

□ **快速实施培训**

对于"新人类"来说,他们更有个性,更喜欢变化,据美国劳工部的调查,到 38 岁时,一个人可能从事的工作多达 10~14 项。这就意味着,一个人在同一岗位上的时间平均可能只有 1.5 年。的确,现在大量企业面临着越来越高的人才流动性挑战。例如,有些连锁服务企业员工离职率甚至高达 80%~100%。在岗时间缩短、离职率居高不下,都让传统的人才培养模式失效了,企业必须有针对性地进行快速培训,实现"即学即用,即用即学"。

事实上,当今职场,繁忙的工作让员工很难抽出时间来完整地学习一门长达数小时的课程。不仅许多企业的面授培训组织起来日益困难,e-Learning 系统"门可罗雀",就连 MOOCs 也面临居高不下的辍学率(近 95%)困扰。虽然 MOOCs 完成率低有很多原因,但这也从一个侧面反映出了实施正式学习或培训的艰难。

□ **从培训到学习,提高学习效果,服务于绩效提升**

培训一直是组织学习的重要形式,但绩效改进相关的研究表明,培训能解决的组织绩效问题仅约 10%。与此同时,正式培训还面临着参与度低、转化率低、组织困难、成本高等挑战。因此,近年来,涌现出了许许多多新的实践,如 e-learning、知识管理系统、混合式学习、社会化学习、游戏化学习、行动学习等。尽管这些尝试在一定程度上有助于提升学习转化率,但让学员把在教室或学习管理系统(LMS)中学到的知识与技能,转化为职场中的行为,从而提升其绩效表现,的确仍是一个世界级难题。

在这方面,"微课"的兴起一方面可作为正式培训或 e-Learning 的补充,也可对正式学习进行再造,有助于提高正式学习的效果;另一方面,充分利用"微课"贴近业务的特性,可为员工的实际工作提供绩效支持(performance support),使其在工作现场即可得到有针对性(Just for me)、及时(Just in time)且"刚刚好"(Just enough)的支持,从而直接促进绩效改进。

总之,从职场环境方面来看,众多企业积极试水"微课",也在情理之中。

学习技术:门槛降低、万事俱备引爆了"微课"

2006年萨尔曼·可汗制作"微课"就是在自家衣橱内,用普通的 PC、麦克风、摄像头和手写板完成的——今天,类似可汗这样的场景几乎每天都在世界各地上演着。几乎每一个人借助一部智能手机,就能在自家客厅里、公司,甚至地铁上,快速制作、分享"微视频"。这不仅催生了大量学习资源,也释放了大量一线员工的创作热情。就如同"万事俱备,只欠东风",技术的普及、易用就像"临门一脚",让"微课"被引爆。

简单来说,引爆"微课"的技术包括下列内容:

□ **微课制作:简单易用,人人皆可上手**

微课形式多样,制作简单,无论是基于 PC 办公软件,还是智能手机,或是专业课件制作软件,都可以很方便地进行微课制作。

例如,今天,哪怕是不到 1000 元的智能手机,都具备强大的视频、音频、文字录制与处理能力，还有大量免费的通用 App，如视频创作及编辑 App 小影、美拍，音频编辑软件 Audacity、图片处理软件美图秀秀、Snapseed 等、HTML5 制作工具初页、易企秀等，任何人都可以制作各种形式的"微课"。

同样，PC 上的常用办公软件，如 Microsoft Office、WPS Office、苹果的 Keynote、Pages 等套装软件，均具备排版、动画、音频合成、导出为视频等功能。普通人只要具备较熟练的操作技能，即可制作出高质量的微课件、微内容。

近年来，也出现了不少专业的课件制作软件，如 Articulate、PowerCam、Explain Everything 等，日益简单、易用，无需大量专业培训，即可使用。

- **社交媒体：易于分享与反馈，"推波助澜"**

社交媒体的普及，不仅催生了一大批"自媒体"，带动了"用户创作内容（User Generated Content，简称 UGC）"的发展，也可以使大量微内容被快速共享、传播，获得反馈（点评）和更新。因此，我认为，社交媒体对"微课"的流行起到了推波助澜的效果。

- **在线视频与在线学习网站：人人皆可为师**

正如门户网站领导了 Web1.0 时代一样，社交软件和在线视频网站是今天 Web2.0 时代的"主战场"。如上所述，在最受欢迎的在线视频中，"如何做"和教育类稳居前列，"可汗学院"也发家于在线视频网站。近年来，大量在线学习（包括 MOOCs）网站也方兴未艾，只要你有一技之长，几乎"人人皆可为师"。

企业内部移动(在线)学习系统:为"微课"提供基础设施

近年来,移动学习是学习技术领域最大的热点之一。知名学习研究公司 Brandon Hall 集团 2013 年的调查显示,73%的被调查者已经采用了某种形式的移动学习,87%的公司计划在未来一年内增加移动学习应用。Ambient 公司 2013 年发布的"2012~2017 全球移动学习市场"中甚至提出,移动学习将迅速超过传统 e-Learning,呈现出"蛙跳效应"——对于许多人来说,会跳过(或根本没有用过)e-Learning,而直接采用移动学习。

从表 2-1 可知,基于移动学习系统自身的特性,它是"微课"适宜的基础设施:

表 2-1 移动学习平台对微课的支持

移动学习平台的特性	对微课的支持
• 个性化 • 便携性 • 场景化 • 随时在线 • 方便社会化交流	• 微课强调目标对象明确 • 微课简短 • 微课强调具体、明确 • 微课短小精悍,便于获取 • 便于制作、分享、交流、更新

同样,许多传统的 e-Learning 系统也开始支持移动设备访问,并支持社会化互动,也能很好地支持"微课"。此外,新的 xAPI 标准、自适应格式以及同源发布内容策略,都为微课提供了适宜成长的土壤。

微课之美,未来终将绽放

综上所述,微课这种短小精悍、焦点集中、灵活便捷的内容设计与交付方式,可以有效地应对当今职场的种种挑战,满足企业、员工各方的新需求。微课既可以作为正式学习的组成部分,对传统学习内容与活动进行补充,也可以对线上和线下的正式学习进行再造、重新设计,提升学习转化效果;同时,微课也可以借助移动互联网的催化,来促进绩效支持、知识管理以及其他非正式学习,促进即学即用、即用即学,适应移动互联时代企业经营与管理的需要。一句话,微课可以兼顾正式学习与非正式学习,整合线上与线下学习,将在企业学习领域大有用武之地。

在我看来,微课现在已经进入了企业培训领域,是移动互联时代符合"新人类"学习需求的新模式,无论是学习者,还是职场环境、学习技术,都催生并推动了"微课"的发展;而"微课"的实践也迎合了学习者及企业自身的需求,拉动了技术的普及。二者形成了一个良性循环,就像"滚雪球"一样,假以时日,会使得"微课"成为企业学习的重要形式。

所以,我认为,微课在企业学习领域的热潮绝非昙花一现。虽然微课的实践肯定会遇到各种各样的困难,但我相信,基于微课的内在价值,经过"大浪淘沙",在未来,"微课之美"终将绽放。

在这种情况下,传统的以构建不同岗位的学习地图,并据此开发专业课程的"重型学习体系",因为开发难度大、要求高、耗时长、代价大，而越来越难以适应当今时代快速变化的需要，会逐渐被以"微课"为核心，以"众包"、全员"参与"、"快速迭代"、"社会化互动"为特征的"轻型学习体系"所取代。

面对微课大潮，你准备好了吗？

第3章　微课规划：设定框架

本章要点

> 微课适合下列四项内容：简单的知识/原理、具体的任务/操作、明确的问题/经验、具有特定场景的案例/信息。

> 微课可以满足员工五方面的学习需求：获取新知、扩充知识、学以致用、解决问题和应对变化。

> 微课作为一种基本趋势，不仅是一些具体的技术、方法或学习资源，也是一种设计理念与新型学习模式。它将渗透到企业学习的方方面面，在企业中有9种应用场景：作为线下正式学习的补充、对线下正式学习的再造、重新设计在线学习、新在线学习资源与活动、移动学习、团队学习、新社会化学习、知识管理、绩效支持系统。

> 进行微课规划，有 ABCD 四种策略，不仅可以作为系列微课选题的来源，也可为企业提供一个行动框架，把数量众多的微课有效地组织起来：A—分析，B—混合，C—转制、D—部署。

微课虽好，但并非万能，也不会取代其他学习技术。那么，哪些内容适合微课？微课在企业中的定位是什么？有哪些用武之地？

哪些内容适合微课

并非所有的内容都适合做成微课。基于微课的定义与特征，按照我们的初步实践总结，微课（尤其是微课件）适合下列四项内容：

扫码听微课

❑ **知识/原理：简单，不要特别复杂**

微课适合阐释简单、明确，不是特别复杂的知识、原理，如：
- 什么是期货？
- 什么是植物甾醇？
- 什么是 4G？

如果是特别复杂、专业的知识、原理，不仅需要系统地学习、深入地讲解，依赖大量专业知识，也很难在短时间内解释清楚。

❑ **任务/操作：具体，有清晰的处理程序或步骤**

微课适合说明一些具体的任务或操作，有相对清晰的处理程序或步骤，如：
- 如何使用一款新的打印机；

- 如何制作奶油蛋糕；
- 如何向中老年顾客推销一款食用油产品。

如果是相对抽象的任务，比如重大的战略决策，需要许多综合的经验判断，甚至一些判断比较微妙、依赖长期的经验甚至直觉，或者没有绝对的对错，没有固定的处理对策，可能不适合以微课的方式来呈现。

同样，对于那些没有基本的知识基础、想要快速从新手成长为具备合格岗位技能的新员工培养项目，或是需要比较复杂的现场操作以及反复演练的技能，或是相对复杂、需要系统学习的知识、原理类内容，可能都不太适合完全用微课来进行。

☐ **问题/经验：明确，有相对肯定的答案/应对办法**

微课适合解决一些明确、有相对肯定的答案或应对办法的问题，或分享一些实用的技能、经验、诀窍。

如果一些操作/任务非常关键，需要马上做出判断，一旦做出了错误的选择，后果非常严重，难以挽救，或者有客户在现场，需要操作者表现出恰当的技能熟练度，否则会影响客户的信心，如医生问诊、飞行员驾驶等，都必须经过长期系统的训练，不能仅仅依靠微课。

☐ **案例/信息：特定场景（时间、空间、人）或有针对性**

微课适合描述一些有特定场景（时间、地点、人）的事件、案例、故事，或针对特定人群的信息。

如果是涉及观念更新、态度改变类的学习，往往需要人际之间的互动、激发，从而让学习者产生自我觉察。因此，重要的是塑造学习的场域、引导学习者的参与与反思。经验表明，相对于通用或空洞的"说教"，一些生动的场景化的故事、案例，更有可能对学习者产生类似的触发。

事实上，如同其他任何学习技术或方法一样，微课不是万能的，不是任何培训或学习需求都能用微课来解决。在有些情况下，微课只是一种补充。为此，必须找准微课的定位与合适的应用场景。

以微课满足员工五个学习需求时刻

李海燕

扫码听微课

在许多企业中，培训并没有产生实际价值，甚至经常出现"上课激动、下课不动"的现象？这是怎么回事呢？

经过调查，我发现学员认为老师教的东西很好，但确实记不住！一个既存的事实是：学的和需要的不一致，而且许多老师把过多的东西几乎一股脑地丢给学生，一天课上下来，头都"大"了；同时，成年人学习时注意力集中的时间不足 20 分钟，也造成"信息负荷过载"。此外，有些企业受时间和空间的制约，很难将全国各地的员工凑在一起培训学习。

而互联网可以缓解这一问题。因为它解决了人与时间、空间不在一起时的互动模式，而这也是近年来在线学习、移动学习火爆异常的重要原因之一。但是，新的问题又出现了：很多在线学习资源（电子课件）长达数十分钟，没有很好的学习体验；企业花费巨资构建的在线学习系统门可罗雀。

如何化解线下学习费时费力、线上学习枯燥乏味的难题呢？

对此，找准成人学习的刚需，尽可能取材于并还原真实场景，以生动有趣的"微课"，促进线上与线下、正式学习与非正式学习的混合，将是一个新的思路。

按照美国学者 Bob Mosher 和 Conrad Gottfredson 提出的"五个学习需求时刻"，结合企业培训实践，我认为，微课可以在下列方面进行对接。

□ **获取新知**

所有人都曾经当过新员工。试想一下，当新员工刚进入一个企业，最痛苦的是什么？

一定是这个公司的规章制度跟他过去的公司不一样，这个企业的问题跟过去的公司不一样，这个公司人力资源的管理规则也不一样。

另一方面，企业培训、人力资源从业者也很痛苦。为什么呢？一是有的公司人来得快，走得也快。就像现在的一些互联网企业，一边不停地招聘新员工，几乎天天要做新员工培训，一边员工又不停地流失。但是，如果你所在的公司真的很稳定，一个月招不了三五个人，那么新员工培训到底做还是不做？怎么做？不做有需求，做了成本太高。怎么办？

对此，微课能够帮助我们解决这一问题，因为它可以打破时间、空间和人与人之间的一些局限。比如，我们可以把公司的制度做成一门门微课，让大家随时随地去点击、学习，这样可以极大地减轻了培训部门的压力。

同时，对于新员工来讲，为了更快地融入企业，他们也会有这方面的学习需求。这样的学习是不是更有效呢？

❏ **扩充知识**

现在是跨界的年代，人才流动非常频繁，不仅对于很多新员工，即使是一些有经验的人才，也经常会遇到自己不熟悉的领域。此时，他们就出现了强烈的学习动机。举例来说，我刚进入房地产行业时，公司的高管团队送给我的第一句见面礼就是"你不懂房地产行业"。那时，我所有的建议、方案、沟通，都显得那么苍白无力。于是，我只能"如饥似渴"地向同事请教，亦或通过找"度娘"、朋友等途径，进行交流、取经。

在这种情况下，如果企业内部有一系列关于行业、新技术、新产品的微课，快速、灵活、"干货"，对于那些急需快速扩充知识的员工来说，无疑就是"及时雨"了。

例如，在方正技术服务人员晋升过程中，评价核心之一就是要将总结下来的技术经验放到公司的网站上去，通过点击量、员工反馈等，去促进知识的萃取、沉淀，以及人才培养。现在回想起来，如果能够运用微课，让这些经验萃取与分享更加简单、生动、可视化，通过移动终端随时随地地查询，就能够搭建起企业的知识库，为员工提供全天候的学习支持，想学什么学什么。

不仅如此，很多企业中的员工也会在组织中轮岗或调岗时，需要了解新岗位的职责、常见问题以及应对策略、工作经验等。对此，微课也是很宝贵的学习资源。

❏ **学以致用**

在一些企业中，基层员工的工作标准化程度高、重复性较大，尤其有些岗位人员数量庞大，或流动性较高，如零售连锁店的店员、制造业工厂的一线操作工、营销型企业的销售人员等。如果企业可以把这些岗位的具体知识点,或一些标准化的操作技能项,用微课的形式展现出来,让大家可以随时去学习,就能够实现"铁打的营盘,流水的兵",一个员工离职了,另外一个新员工招进来,可以"快速上岗"。

同时,微课也可以应用于把一些课程的知识点切成模块化,让员工在正式的培训或课程之后,进行复习、回顾,巩固所学。这也是一个不错的选择。

☐ 解决问题

接下来的一个学习需求是在我们工作或生活中出现问题的时候。问题的分析与解决,对于组织来讲尤为重要。

现在,大家遇到问题时,通常的做法是通过互联网搜索,如问"度娘"或在微信群里吼一嗓子,这样虽然方便,但互联网和社交网络上的内容纷繁复杂,有时候很难找到特别适合自己问题的解决方案。

那么,如何能够有效地提取信息、解决问题呢?在组织中,仍然可以利用微课。因为微课内容聚焦、制作简单、富有场景化,对于企业内部员工来说,往往比外部通用信息更有参考意义和指导价值。如果企业内部已经搭建起了相对完备的微课库,当员工遇到问题时,可以马上到微课库里面去查找,直接找出即刻可用的解决方案。这样,微课的价值就会凸显出来。

☐ 应对变化

这个世界唯一不变的就是变化,原来以为不可能变的,现在也会变。尤其是当今互联网时代,万事万物、无时无刻不在改变。如何能够让组织中的人及时更新知识、信息，以适应变化？对此，微课无疑是一个有效的方式。比如，由于技术革命，公司的产品与服务要被彻底再造；由于政策、用户消费特性的改变，公司需要进入新的市场领域；为了适应变化，公司的规章制度、组织机构、流程等发生了变化……如何能够及时、快速地掌握这些变化呢？其实很容易，一个微课或几个微课，就可能轻松解决。

需要强调的是，为了在互联网时代更好地生存与发展，我们要具备"互联网思维"，企业学习也是如此。虽然现在人们对"互联网思维"的内涵还众说纷纭，但在笔者看来，以用户为中心、简单、易用等，是其中比较突出的一些特征。那么，我们的用户是谁？企业学习的"用户"通常是成年人，而成年人学习一个很大的特点是，有需求才学，为此要抓住上述五方面的"刚需"；同时，我们越来越多的"用户"是新一代年轻人，他们追求简单、易用，需要方便、快速地了解所需的信息，并且拿来就能用，学了就会用，看了就知道。因此，微课是互联网时代的产物，在满足员工获取新知、知识扩充、学以致用、解决问题以及应对变化等方面的需求上，有更为灵活的优势，也是一种企业和员工更乐于、易于、愿意使用的培训和学习模式。

微课的定位与 9 种应用场景

基于我们前面两章的分析，笔者认为，微课作为一种基本趋势，不仅是一些具体的技术、方法或学习资源，也是一种设计理念与新型学习模式。

按照笔者提出的企业学习体系框架,从学习的性质(是否有明确的目标、内容、策略与过程设计和引领)上看,可将企业学习划分为正式学习与非正式学习两类;从学习形式(渠道或媒介)上看,可分为线上学习(在线学习)和线下学习(如面授培训、同行协助等)两类。将二者组合起来,共有四项构成要素(如表3-1)。

表3-1 企业学习体系的四项构成要素

	正式学习	非正式学习
线下学习	线下正式学习(如面授培训、结构化在岗训练等)	线下非正式学习(如自学、同行协助等)
线上学习	线上正式学习(如 e-Learning、MOOCs 等)	线上非正式学习(如搜索、在线社区、微分享等)

由于微课是一种新型的学习模式,它将渗透到企业学习的方方面面。在企业学习的四项要素中,都有微课的作为空间(参见表3-2)。

表3-2 微课的9种应用场景

	正式学习	非正式学习
线下	1. 补充 2. 再造	6. 团队学习
线上	3. 重新设计 4. 新在线学习资源与活动 5. 移动学习	7. 新社会化学习 8. 知识管理 9. 绩效支持系统

概括而言，微课在企业学习中有如下 9 种应用场景：

☐ 作为线下正式学习的补充

首先，微课可以作为面授培训等线下正式学习项目或活动的补充。例如，对于面授培训来说，可以提前让学员预习一些相关的微课件，如知识点、案例等；在培训之后，给大家推送一些复习资料、工具与模板等。由于微课的灵活，可以将原来孤立的事件式培训活动转化为连续的学习过程，提高正式学习的效果，促进学习的转化。

☐ 对线下正式学习的再造

更进一步，可以运用微课思维和机制，对正式学习进行再造。例如，将原来 2～3 天的面授培训改造成基于微课的、线上与线下整合的混合式学习项目（类似"翻转课堂"），或者拆分成若干次 0.5～1 小时的线下分享或互动。

对此，笔者认为"微课"支持"碎片化学习"，首先是将知识内容"碎片化"，其次才是利用人们的"碎片化时间"进行学习。前者如"皮"，后者是"毛"。如果没有前者，后者将变得枯燥无味、痛苦不堪，正如"皮之不存，毛将焉存"。

让我们来看一个案例：

案例1：某新任经理项目的微课程设计[①]

背景：这是一家医药企业，有大量的终端销售人员。无论是销售人员，还是销售经理，流动性都很大。公司每年都要从销售队伍中晋升一批新经理，而他们往往并没有准备好带领团队作战。

通常，一位销售经理要带5~6人的团队，同时也要经常出差或持续在各大医院所在区域跑，每周回公司一次，名义上是开会，实际上更多的作用在于报销。

同时，这家公司还是非常明显地以业绩为导向，销售总监和HR总监都表示：既要安排培训，又不能影响业务。

任务：在这种情况下，销售总监希望培训部能够帮助他，快速提升新经理们的团队管理能力。具体来说，有两点要求：

(1) 希望他们能够具有带团队的意识，从"一人吃饱，全家不饿"转变成为"大家好，才是真的好"；

(2) 要求他们能够根据下属的不同情况，分别采用不同的方法进行辅导，提升团队成员能力。

解决方案：为了满足上述要求，学习内容可以确定为角色认知、辅导下属等。但是，如果按照传统的做法，安排2天面授培训肯定不现实，许多新任经理根本无法抽出2天时间来参训。在这种情况下，课程的微化就成为一个好的选择。

最终，该项目将多天的完整培训课程拆分为四个独立为1个小时的微课，利用销售经理回公司开会的机会，每次花上1小

---

① 此案例由企业微课大赛导师周鹏提供。

时，既能进行学习，又不影响正常的销售工作，充分体现了微课的便利性。

□ **重新设计在线学习**

与对面授培训的再造类似，对于原来时长 20 分钟及以上的 e-Learning 课程，为适应"新人类"的学习特性，可以按知识点、场景、问题等"重新设计"成很多门微课，然后根据学员的实际情况，使其更灵活地进行学习。这属于对线上正式学习的再造，有助于提高在线学习的效果。

□ **新在线学习资源与活动**

如上所述，由于微课便于众包、参与，可以快速更新，因此它将成为重要的在线学习资源，也是移动互联时代企业知识管理的创新策略。从外部看，TED 式微分享、大量在线学习/视频网站以及慕课（MOOCs），都是典型代表。这种模式同样适用于企业内部，企业通过举办"微课大赛"或 TED 式访谈，可以快速建立起大量"接地气"的微学习资源。

例如，京东大学通过"JD-Talk"，邀请一些内部业务专家/技术高手进行心得经验分享，快速获取员工知识；稍加剪辑、分类之后，通过内部学习管理系统（LMS）进行发布、分享，允许员工点评，促进了企业内知识的分享和更新。他们还通过"随手拍 Know-how"活动，鼓励一线员工把工作中的点滴经验拍摄下来、分享出去，也是利用"众包"模式，以微内容为核心的知识经营模式。

❏ 移动学习

微课与移动学习有着紧密的联系。不仅在于微课是适合移动的学习资源与形式,移动为微课的制作与传播提供了极大的便利,而且在于二者彼此增强,微课释放了移动的威力,移动让微课快速发展。因此,微课是企业移动学习的重要资源与形式,包括以培训为导向的微课程、以绩效支持为导向的微内容,对员工自学、社会化学习,都具有重要意义。

❏ 团队学习

线下非正式学习表现为学习者在工作职场的互动中发生的经验分享、行为改变,它的具体形式多种多样,有大量偶然、无所不在的人际交流,也有一些相对正式的活动,如同行协助、复盘会、团队学习等。对于后者,微课也是很好的载体。例如,可以结合班前/班后会或项目复盘会,以微课形式进行分享、交流,促进团队协同与效能提升。

❏ 新社会化学习

社交媒体是移动互联网一个主要应用,通过社交媒体进行微分享、实时交流,或者进行微视频、微内容的传播分享,既是微课的重要载体,也是社会化学习的重要形式之一,被国际人才开发协会(ATD)主席托尼·宾厄姆等称为"新社会化学习"。

由于微课制作简单,在社交媒体的影响下,诞生了知识"众包开发"模式,使得每个人都可以成为内容的创造者,成为"自媒体"。同时,也很容易构建个性化的"学习网络"(PLNs),使得微课的制作者、学习者与他人之间的互动频率大大增加，每个人都可以通过创造微课、学习微课，与他人进行及时交流，进一步促进了社会化学习。

☐ 知识管理

快速变化的企业内外部环境要求企业快速调整，产品生命周期变短，市场营销、内部流程、技术等都要灵活应变。为此，知识的"保质期"变短了，要求企业快速创造、萃取并更新各方面的知识。在过去，企业要聘请内外部专家进行知识开发，制定出一套标准内容，然后进行统一训练。现在，毫无疑问，这种模式已经过时了。

为此，"用户创作内容"（UGC）模式开始流行起来，让用户（包括企业一线员工和外部顾客）参与进来，通过经验分享或专题访谈，将业务专家的经验快速萃取出来，并制作成短小精悍、形式灵活的微课。事实上，这是一种利用"众包思维"开发微课的思路，不必让每一个人都接受系统的专业课程开发训练，却可以让每一个人都参与到微课的开发与分享中来，利用用户的主动性和创造性快速萃取经验、惠泽他人。

同时，微课还可以通过快速迭代，获得反馈后继续修改，灵活便捷，更加适合于复杂多变的企业内外部环境。这是适应时代变化的创新知识管理模式。

☐ 绩效支持系统

除了传授知识、演示技能以外，微课还可以绩效支持的形式呈现。根据不同员工的需要，将一页纸的操作指南、流程图、检查清单、信息图等微内容组合起来，辅之以内容规划与运营，即成为针对不同岗位员工的绩效支持解决方案，真正做到即学即用。请参考下列案例：

案例2：某手机制造商的产品微课程设计①

案例背景：一家大型的手机制造商，其销售网络和维修服务网点覆盖全国，维修服务人员遍布各地。该制造商每年都会设计和制造多款手机，以满足消费者多样化的需求。

但是，这样就给售后维修带来了一个大问题：每一种型号的手机都不同，如何拆装、关键部件如何更换等，需要快速地传递给每一位终端的维修服务人员，甚至有时候客户拿过来维修的手机是维修服务人员未曾见过的新机型。

挑战：如果按照传统的培训方式，将分散在全国各地的维修工程师集中起来进行轮训，肯定是不现实的，新产品、新型号更换速度之快远远超过了轮训所需的时间和效率。

解决方案：客户利用"移动学习+微课"解决了这一挑战，为维修工程师提供及时、有针对性、到位的绩效支持。

对于每一款新产品，将维修服务人员所需要了解的新产品知识、拆装、更换操作、常见问题处理等，做成一系列"微课"，通过手机App，以移动微课的方式，推送到每一位维修服务人员手机终端。

这样，遍布全国各地的维修服务人员，只要打开手机，就能够即时看到公司的新产品信息，并在他们拿到自己不曾见过的新手

---

① 此案例由周鹏提供。

机时,快速参考相关的微课,轻松解决各种故障,做到了"即用即学,即学即用"。

需要指出的是,微课的上述 9 个应用场景是并存的,而不是非此即彼。企业需要根据不同的目的,充分发挥微课的价值和优势,灵活选择并设计学习活动与资源的组合,才能全方位地支持个人和组织学习、推动组织发展。

微课规划的策略与方法:ABCD

按照上述微课的定位与应用场景,参考我们在部分企业的实践经验,从微课的应用领域与载体(是在线资源,还是线下资源)以及设计程度(是从头开始设计,还是进行改造)两个维度,笔者提出了规划微课的 ABCD 四种策略(参见下图),不仅可以作为系列微课选题的来源,也可为企业提供一个行动框架,把数量众多的微课有效地组织起来。

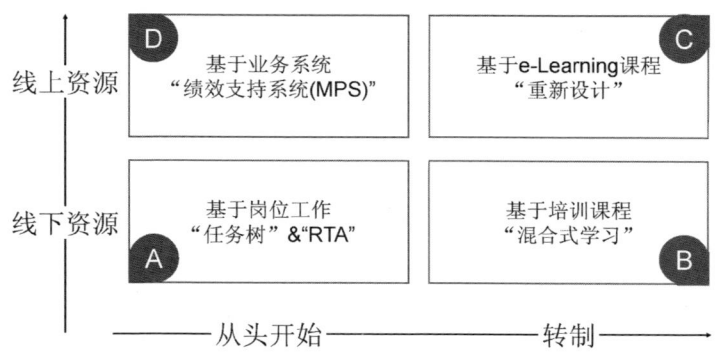

图 3-1 微课规划的 ABCD 策略

A—分析

如果企业线下学习资源并不充足,或者因为业务流程再造,导致学习资源与活动需要重新开发、调整并实施,就可以考虑从头进行分析、搭建以微课为基础的线上线下相结合的学习体系。

例如,万达学院开发了"任务树"的教学方法,引导业务部门对年度任务目标进行分解,找出其中的重点、难点。在许多企业,也会用到"快速任务分析"(Rapid Task Analysis)等方法,对不同岗位的工作任务进行分析,细化其中的操作步骤,并进一步列出相关的知识点、概念、标准,以及经验、技能等。这些都可以做成微课。

如果任务的操作步骤简单,可以把某个任务的所有步骤做成一个微课,或者是一页纸的流程图,或者用一个微视频展示操作流程。如果任务操作步骤众多且较为复杂,那么,可以把其中的每一个步骤,或把若干步骤组成一个阶段,制作成若干门微课。

比如,北京移动在"业务高手在身边:上网流量包销售经验分享"的课程开发调研中,通过总结提炼,发现上网流量包的销售过程通常分为5个步骤:[①]

1. 微笑服务,拉近与客户的距离。
2. 查询客户信息,初步分析客户上网需求。
3. 流量分析,准确判断客户上网需求。
4. 结合公司业务,合理推荐。

[①] 节选自孙波、王秀玲:《课程设计与开发中的"最佳实践萃取"》,《培训》杂志 2013 年 4 月。

5. 促成销售，办理开通。

如果用微课来开发，可以考虑将上述步骤分别设计成一门微课，并把其中的一些重点、难点或关键点设计成另外一门或几门微课。具体来说，他们通过访谈业务专家发现，如何结合公司业务给客户合理推荐匹配客户需求的移动业务（第 4 步），是流量包的销售难点之一，主要原因在于许多客户不明白"流量"的概念，如果用专业术语解释，客户不理解也就不可能购买，所以要想成功销售流量包，就必须把移动公司的业务用客户可以理解的语言做通俗化解释。比如，将 1 MB 的流量形象化地表述为能下多少本电子书、能收发多少封邮件、能下载多少首歌曲等。这个小细节对流量包的销售成功与否常常起到关键的作用，而这样一门微课很短，却可能对相关业务人员有很大帮助。

此外，还可以把与该任务相关的知识/原理、心得经验、正反面案例、工具与设施使用技能、易错点、注意事项、参考标准等，做成微课，便于学习者灵活选用。

B— 混合

如果企业有一些线下学习资源，也就是说一些面授培训课程，可以考虑对其进行适当改造，分析学习者的学习特性与实际需求，以微课的思维与方法，将线下学习资源与活动改造为以微课为基础的混合式学习项目。

例如，某个培训师可能主讲《成功者的七项习惯》，原来是一门 2~3 天的面授课程。现在可以考虑把该课程相关的一些知识点、案例、工具与方法以及技能、经验等设计成一系列微课件，然后把该课程改造成线上线下相结合、持续一段时间的混合式学习项目，可能参考下列模式：

- 先让学员进行一些测验，自主学习他们需要或感兴趣的一些知识点；
- 然后，组织一次或数次较短时间的面授辅导，重点进行答疑、研讨、练习、分享交流等，讲解一些实践技能和工具、方法的使用；
- 其后，为学员推荐一些相关工具、模板，帮助其更好地学以致用；
- 期间，可以配合社交媒体微分享等方式作为补充。

这样，一些孤立的事件式培训项目可以被重新设计为一个持续一段时间、包容不同学习方法与活动、适合多种学习风格学员需求的混合式学习项目，而微课是其基础单元，混合式学习项目设计是其精髓。

C— 转制

如果企业已经有相对成熟的线上学习资源，并希望对其进行优化，使其更加灵活，适合新人类的学习特性以及移动学习的需要，也可以考虑以在线学习课程为基础，对其进行微课化改造。事实上，这是许多企业在开始探索微课时经常会想到并采用的策略。

但是，笔者的经验表明，如果要从在线学习资源"转制"，需要重新设计，最好不要采用从 e-Learning "搬家"的策略，更不能简单地将原有的 e-Learning 课程切割为碎片。原因如下：

- 完整性难保证：微课时间虽短，但学习过程要完整，而原有的 e-Learning 课程本身是按照较长的篇幅设计的，并不是按照微课思维与模式来设计的,简单地将其切为几段,无法保证每一段都是完整的。

- 学习体验差异:微课的使用场景多种多样,尤其是会通过智能手机等移动设备来学习与传播,而许多 e-Learning 课程是针对传统的 PC 来设计的,毫无疑问,二者在使用特性上有着显著区别,因而,将 e-Learning 课件的呈现模式(如三分屏、显示精度等)照搬到手机上,可能导致学习体验很差。

- 定位不同:传统 e-Learning 主要定位于线上正式学习,往往是以培训为导向,为学习者提供"图书馆"式的学习资源、虚拟教室以及在线互动交流,而微课除了以培训为导向之外,还承担着快速满足员工个性化的学习需求以及绩效支持的职责,因而二者的定位并不相同,直接从 e-Learning 转制只能作为微课体系建设的来源之一。

D — 部署

如果企业希望构建在线绩效支持系统,可以考虑从头开始规划、建设基于微课的、满足员工全方位学习需求与绩效支持的体系。

根据美国学者 Conrad Gottfredson 和 Bob Mosher 的观点,员工存在五个学习需求时刻:学习新知、拓展知识、学以致用、解决问题、应对变化。对于前两种学习需求,采用有人引导、有系统化结构设计的正式学习可能更为有效;而对于后面三种学习需求,无论是传统培训,还是绩效改进或行动学习项目式干预,都无法有效地满足员工个性化、及时性、多样化的需求。为此,企业应该重视并采用"非正式学习"(informal learning)。

虽然非正式学习缺乏结构化设计,也难以"管理"和控制,主要依靠学习者的内驱力及其社会性互动过程。但研究表明,绝大多数职场学习都是非正式学习。在当今时代,组织必须采取各种措施来激发和提升组织学习力。

简言之,企业可以采取如下措施来为员工提供绩效支持:

第一,通过诸如卓越实践中心、案例库建设、"复盘"等机制,实现从工作经验中学习,并促进流程改进、形成组织记忆。例如,在大连万达,由万达学院牵头组织商业地产项目建设期复盘,不仅有助于发现、总结最佳实践以及共性的问题,也能快速修补组织短板,提高流程与运作管控体系的有效性。

第二,将学习嵌入工作,推动社会化学习与非正式学习。由于任何学习从本质上都是社会性的,因此,在工作中强化人际互动,促进知识共享,就能促进非正式学习。例如,借助互联网和信息技术,搭建主题维基(百科)、实践社团(Community of Practice),促进内部微分享等。

第三,建设绩效支持(Performance Support)系统与工具。早在1991年,美国学者 Gloria Gery 开创性地提出了"电子绩效支持系统(electronic performance support system,简称 EPSS)"的概念,EPSS 是指"精心组织起来的一套技术,在人们需要时提供整合的信息、指导、建议、协助、培训以及工具等服务,以提升工作绩效水平,并尽量减少对他人支持的依赖"。经过 20 多年的发展,尤其是随着移动互联网等应用条件的普及,绩效支持正在迎来"复兴"的"第二春"。

当然,正如哈罗德·斯托洛维奇所说,绩效支持工具与系统可以是简单或静态的(如一个弹出框、简单的印刷品或器物、图示化操作步骤指南、检查清单等),也有可能是高度动态而复杂的(如

GPS、远程诊断系统、智能天气预测系统等）。前者有时被称为"工作辅助"(Job Aids)工具，一般成本不高，专门适用于某些特定的工作场合，可以帮助你更轻松地实现预期成果；后者则往往需要信息通信技术的支撑，并经过专门的设计和开发。

　　国内外优秀企业的实践经验表明，微课有利于降低知识萃取与共享的难度，便于员工参与，是移动互联时代知识管理的创新方法，是支持非正式学习的最佳实践，也是绩效支持系统的"血液"。如工作辅助工具、场景化的工作经验与诀窍、微分享等，都是微课适合发挥威力的空间。

第4章 微课设计：模式创新

本章要点

🔊 作为一种新生事物，微课与传统的面授课程以及基于PC的e-Learning课件都有很大的差异。因此，微课的设计不能套用传统教学设计方法，需要进行模式创新。

🔊 微课件设计要做到"短小精悍"，力争在有限时间内最精练地展示出高质量的内容，要符合下列六项标准：正确、具体、相关、精练、完整、有趣。

🔊 微课程的设计要遵循"四有"原则：有用、有料、有趣、有意义。

🔊 微学习的设计与运营要注重整合的学习体验，可参考下列原则：线上线下混合、借鉴游戏化思维与机制、借助社交媒体、与工作紧密结合。

毫无疑问，教学设计是影响微课好坏的关键因素之一，这也是"企业微课大赛"对参赛作品的重要评价标准，而基于调查，如何设计微课、选择何种教学方法、如何让内容新颖生动，都是大家在微课实践中常见的问题。

微课设计不能套用传统教学设计方法

作为一种新生事物，微课与传统的面授课程以及基于 PC 的 e-Learning 课件都有很大的差异（表 4-1）：

如下表所示，因为微课的具体使用场景非常多样化，有的是基于 PC 或手机的在线学习，有的可能是作为正式培训项目的补充，有的甚至是在工作现场即学即用，其设计也应更加灵活、多样。

同时，要想在很短时间内让学习者有所收获，难度更高，就愈发需要用心设计。

面对这些困难，有人发出了质疑，认为"将微课等同于课堂、采用传统的教学设计方法"是设计微课的重大误区。的确，由于微课的独特性——它不同于传统面授培训和在线学习，因而传统的教学设计与课程开发技术（如 ADDIE），包括一些基于 e-Learning 的课件设计方法（如 SAM），都不能直接套用，也不能完全适用。在我看来，微课的设计与开发需要找到适合的方法，不能将传统的教学设计方法照搬到微课上。

表 4-1　微课与其他教学方法的区别

	微课	面授培训课程	在线学习课程
时长	在线微课件为 10 分钟之内；MOOCs 等在线微学习每周包含若干微课件和学习活动；线下微课程 18～30 分钟	一般为 0.5～3 天	每个课件一般为 20～40 分钟（甚至更长）；每个课程包括若干个课件和考试、测验等学习活动
使用场景	多样化，可能是线下，也可能是在线（PC 或移动）	特定的时间和地点，讲师（或引导者）与学习者面对面互动	通过 PC 与互联网
内容	一个微课件解决单一的问题或知识点	为达到某个特定教学目标而设计的相关教学内容与活动	为达到某个特定教学目标而设计的相关教学内容与在线活动
教学活动设计	受时间限制，教学活动设计要紧凑	有较充分的时间和条件，可设计并实施多种教学活动（如放映视频、小组讨论、团队游戏等）	只能采用基于计算机的特定形式的教学活动（如多媒体、动画、视频游戏、模拟、在线测试等）

事实上，尽管微课开始在企业学习领域大热，但实践中的微课设计开发却并非易事。我近期的一项调查显示，38.89％的微课设计者表示遇到了"微课使用效果不好"的问题，设计或开发微课都在不同程度上遭遇了"不知道该将什么内容做成微课"、"不知道该采用哪些微课的形式（如视频、音频、文件等）"、"讨论、反馈等其他支持活动配合不上"等困难。

基于第 1 章对微课多重含义的解读，我们认为，微课的设计也应该区分微课件、微课程、微学习三个层次来细化，它们的设计需要不同专业技能，也有不同的指导原则。

扫码听微课

微课件设计原则与最佳实践

微课件是基本的学习资源或内容载体,其设计重点在于每一个学习单元内部的信息呈现、资源质量和工具的形式等。按照大多数人公认的原则,微课件的设计要做到"短小精悍",力争在有限时间内最精练地展示出高质量的内容,要符合下列六项标准(表4-2):

表4-2 微课件的六项标准

标准	解释
1. 正确	不管用什么形式来呈现,都要求内容必须是正确的、符合科学和逻辑,这是基础和前提。
2. 具体	因为微课时间很短,只能讲清一个特定的问题、说明一项任务或操作,阐释一个观点或原理(信息)或知识,因而必须聚焦、具体。
3. 相关	要做到短小、具体,就得有明确的目标人群定位,与特定的人群相关。因为一般而言,某一项内容适合的人群越多,要解释清楚就可能涉及更多的变化与可能性。
4. 精练	顾名思义,微课的内容就要做到"精练",不能长篇大论,最好是高度浓缩、提炼的"干货"。
5. 完整	微课虽短,学习要点或主题的呈现却应完整,不能为微而微,应保证一个有意义的学习过程。
6. 有趣	当今时代,信息泛滥,各种资源与活动都在争抢学习者的注意力,所以好的微课件应有趣、好玩,能吸引学习者的关注,使其按设计完成学习过程。

最佳实践

基于实践,微课件设计可参照下列标准:

□ 重点突出

好的微课应以"干货"为主,清晰地呈现结论,强调关键点,不要让学员摸不着头脑,或只能自行判断内容的含义。

事实上,如果需要学习者自行判断内容的含义,要么该门微课缺乏设计、内容含糊不清,要么不适合以微课的方式来呈现。

□ 风格多样,有趣、好玩

如今酒香也怕巷子深,何况微课只是碎片化信息,要想吸引和保持人们的注意力,好微课必须有趣、好玩,富有变化,以吸引和保持学员的注意力,不要一成不变、平淡乏味。

□ 平衡内容与形式之间的关系

对于任何一个微课作品,内容与形式都很重要。但是,在资源有限的情况下,要保持内容与形式的平衡,既不要内容空洞、只追求形式上的花哨,又不能虽有好内容,但形式上过于简陋甚至粗糙。

在这方面,笔者曾经写过一篇文章"什么是在线学习好内容",对于微课,也是如此。虽然许多人比较强调微课的形式设计与制作技术,但在我看来,如同任何其他教学呈现方式,微课也要处理好内容与形式的平衡(表4-3)。

表4-3 平衡微课的内容与形式

	形式好	形式差
内容好	美玉	璞玉
内容差	绣花枕头	垃圾

如表 4-3 所示，好的内容加上好的形式，就会有好的学习体验，是微课中的"精品"，如同美玉；如果只有好的内容，但形式较为枯燥、单调或粗糙一些，可能会影响一部分学习者的学习体验，但应该算是"内秀"（如未经雕琢的"璞玉"），若形式不是特别糟糕，也可称为"瑕不掩瑜"。但是，如果只有好的形式，而内容空洞或杂乱，那就是"华而不实"，就像"绣花枕头"，甚至"金玉其外，败絮其中"，没有多大价值。当然，内容与形式俱差，肯定是不及格的"垃圾"。

因此，从这种意义上讲，所谓"内容为王"，也有一定的道理（当然也不能绝对化），毕竟微课作为学习资源或活动，内容是其基础。当然，最好的状态是内容与形式俱佳；退而求其次，内容重于形式。

□ **保持适当的节奏**

一些研究表明，微课与在线学习课程应保持较快的节奏，不能拖拖拉拉。这样可以让学习者产生内容充实、富有动感的体验。当然，也不能因为赶时间，节奏过快，让学习者无暇思考。为了让学习发生，并产生良好的学习体验，需要保持适当的节奏，不能太慢，也不宜太快。

□ **有明确的受众和真实的需求**

好的微课应该有明确的目标受众，针对其真实而具体的需求，而不是一些对任何人都适用的泛泛之谈。

□ **支持移动学习**

如上所述，移动学习与微课有着紧密的关联，好的微课件应该考虑到移动设备的特性，支持移动学习，便于传播。例如，应避免使用传统 e-Learning 课件经常采用的"三分屏"模式，也不能有大量的文字（可能在屏幕较小的移动设备上无法辨认）。

第 4 章 微课设计：模式创新

☐ **简洁明了**

选择格式或版式时，应优先考虑"清晰明了"的目标，不要选择默认版式，可以进行适当创新设计。

微课程设计的"四有"原则

扫码听微课

所谓微课程，是通过教学设计，将若干微课件组合成有意义的学习方案。虽然基本的教学设计原理仍有一定借鉴意义，但由于微课的特殊性，某些传统课堂教学设计的原则和 e-Learning 课件开发与制作的经验并不适用于微课。

比如，由于传统课堂上课时间较长（45～60 分钟）、以面对面的沟通为主，教师可以有较自由的发挥空间，也可以多种方式对知识点进行讲解。但对于微课来说，每个微课件可能只有 3～5 分钟，使用场景也多种多样（以异步、在线方式为主），为此，必须有一种灵活的模式，让学习者根据自己的需要快速检索或组合。

同样，传统的 e-Learning 课件时长为 20～30 分钟，较多借鉴了教学模式，考虑了 PC 多媒体的特性，也与微课有很大差异。因此，我认为微课的设计与开发也要充分考虑到这些特性。

根据目前的初步实践，微课程的设计原则要做到"四有"：

☐ **有用**

学习本身只是手段，而非目的，真正帮助学习者获得新的认知、掌握新的技能，或者解决实际的问题、提高行动效率与工作绩效，才是任何学习的目的所在。为此，微课要有明确的受众对象，内容要与学习者的需求相匹配,做到真实、有用、有价值,才能有生命力。

□ **有料**

不管时间长短,如果没有实际内容,任何课程都是没价值的。因此,好的微课要做到在较短的时间内包含高度浓缩的精彩内容,做到"有料"。经验表明,在线微课程一般为10分钟之内,线下微课程为20～30分钟,内容精练、有用。

□ **有趣**

在信息大爆炸的"碎片化"时代,充斥着大量同质化的冗余信息,而且很多质量低劣甚至错误的信息也在快速传播,抢占着人们的眼球;同时,因为微课主要面向"新人类",借助移动互联网(包括移动学习和社交媒体)传播,因此微课要抓住人们越来越短的注意力,就需要更加轻松、好玩、有趣。为此,可借鉴游戏化学习的思维,融入社会化学习的机制,并采用互联网和多媒体等技术。

□ **有意义(完整)**

每个微课的容量虽少,但并不意味着支离破碎,因为那样就失去了学习的意义。因此,微课虽微,但一定要对学习"有意义",有一个完整的学习过程必需的要素。

扫码听微课

微学习:整合学习体验

微学习是站在学习者的角度来说的,是将微课程进行综合运营的产物,是学习者参与和主动地进行知识构建的过程。如上所述,由于微课更加适合"新人类",主要通过移动互联网技术进行交付,因而,微学习是一种新生事物,需要我们不断探索、创新和适应。

举例来说,在笔者看来,MOOCs就是对传统在线学习模式进行了设计和运营两方面的创新,一些创造性的高质量MOOCs能给学习者带来良好的学习体验。例如,笔者所参加的"斯坦福创意课(A Crash Course on Creativity)",对6700余名参与者的课后调查显示,认为"这种学习体验很好"、"愿意再次尝试MOOCs学习",以及"愿意向他人推荐"的比例都超过了90%。但是,笔者也看到过很多MOOCs仍然采用课堂或演播室拍摄的模式,把老师讲课的视频录下来,剪辑成几段,然后放到网上,缺乏互动和学习者的参与,学习体验很差。那样的课程不管它们叫什么名字,都不会受到学习者的欢迎,也不符合微学习的精髓。

综合国内外一些优秀企业的实践经验,笔者认为,对于微学习的设计与运营,可参考如下原则:

□ **线上线下混合**

随着互联网技术的普及,在线学习将日益深刻地融入企业学习之中,不仅成为一种重要的学习交付方式,采纳率越来越高,也会逐渐影响面授培训和各种线下学习活动,因此,笔者认为混合式学习将成为未来企业学习的标准配置。对于微课,虽然主要采用在线模式,但也可与线下学习活动组合起来,以获得更好的学习体验。例如,高通(Qualcomm)公司利用内部社交软件Yammer组织各种主题群组的社会化学习;NIIT为销售团队组织了卡片式系列微学习模块,帮助大家更好地了解复杂的产品特性,从而提高销售业绩；腾讯学院、京东大学等许多机构将微课、访谈与移动学习、人才培养项目结合起来，取得了很好的效果。

☐ 借鉴游戏化思维与机制，让学习更好玩

所谓"游戏化"（Gamification），指的是将游戏的元素和机制融入学习设计之中，提高学习的乐趣和学习者的参与感。因此，游戏化不一定是要玩游戏（无论是物理上的游戏，还是视频或电子游戏），而是让学习变得更"好玩"。虽然微课程的设计要"有趣"，但要吸引学习者参与、投入，达到更好的学习效果，也可以借鉴游戏化学习的思维与机制。

☐ 借助社交媒体，增加社会化学习因素

随着互联网的快速发展，通过社交媒体进行学习与协作显得日渐重要。人们获取信息、人际与人机交流、行动协同/沟通、结果反馈与分享的方式，都因移动互联网技术日益深刻而广泛的应用而得以加速或颠覆。例如，微课的设计与制作要充分考虑到员工参与以及社会化互动，玩转"众包"、"粉丝"等互联网思维。

☐ 与工作紧密结合

成人学习大多具有明确的目的性，需要与完成工作或个人发展直接相关，尤其是现在"新人类"更是追求速度与效用。因此，从选题开始，到内容设计的"有用"、相关性，以及"即学即用"、"即用即学"的综合运营，都要与企业业务以及员工工作紧密结合起来。

第5章 微课设计:六定七步

本章要点

> 微课的开发首先要做的就是选题。选题要始于用户分析和业务需求,聚焦知识和技能,宜小不宜大,并抓住痛点、重点、热点。

> 拟定教学目标要包括四个要素:行动者、具体的行为、行动的边界条件,以及要达到的标准四个要素。

> 就微课设计与开发而言,如何萃取到完整、有用、有料的"干货"内容,是最核心的一项任务。内容萃取包括专家法、现场法两种策略。

> 要想确定内容的结构。最常使用的方法是由知名咨询公司麦肯锡顾问倡导的"金字塔法则"。同时,针对不同类型的微课,也有一些常见的内容结构可供参考。

> 好的微课除了有精彩的内容、完整的学习过程,也要好玩、有趣。在微课设计中,广告营销领域的AIDA模型可作为微课创意设计的框架。

> 常见的微课形式包括视频、图文、幻灯片、互动课件、音频等,它们各自有一些优劣势及其适用条件,需要根据教学目标和最终的成果,考虑到学习者的偏好与使用环境、时间、成本与制作难度等,选择使用什么样的呈现方法。

要想开发出一门优质的微课,需要"六定":

* 定选题:选择适当的内容进行微课开发。
* 定目标:确定明确的教学目标。
* 定内容:梳理并萃取正确的内容。
* 定结构:确定需呈现内容的结构。
* 定创意:发挥想象力和创造力,以富有创造性和吸引力的方式来呈现微课。
* 定形式:选择适合的微课形式。

基于实践经验,微课设计可遵照下列流程(共七个步骤,参见图5-1):

扫码听微课

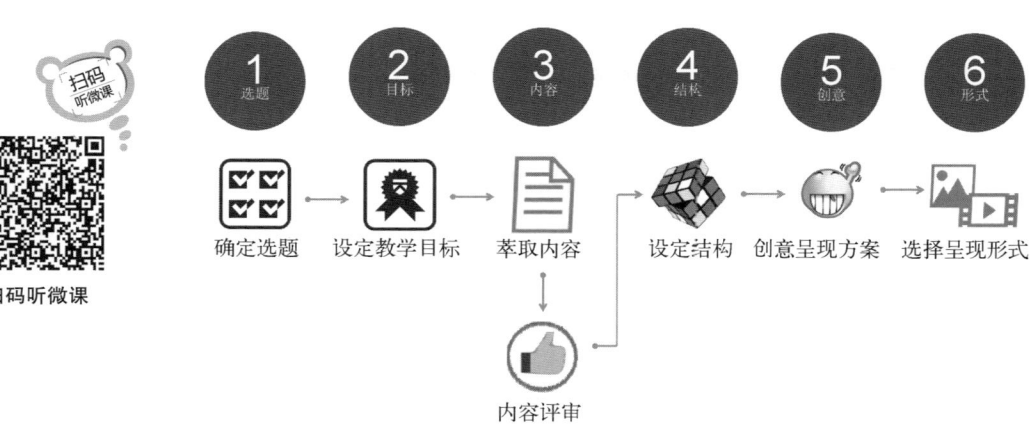

图5-1 微课设计流程

定选题

在笔者主讲的"微课设计与开发"课堂上,一个学员练习时选择了"如何进行绩效管理"这个选题,发现很难在几分钟的时限内把这个问题讲清楚。的确,这个学员在制作微课时,跌入了"选题不当"的陷阱。

其实,这并非个例。微课的开发首先要做的就是选题,选题的适合度决定着微课开发的需求符合度。

微课选题常见误区

基于我们的经验,微课选题常见的误区有下列几项:

☐ 将大课拆成微课

直接将原来的面授课程或 e-Learning 课件进行拆解,仅仅是缩短教学时间(从 2 天变成半天,或者从 1 个 40 分钟变成 4 个 10 分钟),或者改变教学渠道,从线下变为线上等。事实上,微课并非万能,也不是所有的内容都适合于微课。微课和面授培训各自有着不同的优势、劣势,也有其适用条件。因此,微课要针对合适的选题,进行重新设计,尽量避免采取这种"课程搬家"的模式。

☐ 题目大而全

"现在微课很火,我们也要开发微课",这是很多企业开始进行微课实践的真实写照。但是,很多微课开发者基于以往的经验,把原来进行课程开发的那些做法照搬过来,选了很大的题目,例如:销售人员谈判技巧、教你如何搞定客户、培训师授课技巧，等等。这样做的结果，要么是篇幅很大（有些话题要讲透了，就小不了），要么为了压缩时间，导致讲不明白，只能说一些"面上"的"大话"，草草了事。

☐ **选题空洞乏力**

微课虽小，但仍需承载完整的学习知识点，但有些选题没有真正实质性的内容，或者不"接地气"，并非学习者真正关心的话题，没有解决任何问题，显得空洞乏力。

按照之前所述的好微课标准，微课适合讲清楚一个知识点、问题或观念，要求简单、明确、具体，最好具有特定的场景和精准的目标人群定位。

就上面提到的例子而言，可以把"如何进行绩效管理"这个选题细分为不同的参与者，整理出来基本的流程以及主要任务、常见的若干问题，以及特定的场景。例如，这个选题可能面向基层管理者、中高层领导、人力资源专业人士、员工等人群；可能包括制定绩效计划、进行绩效面谈等环节；可能出现"如何和'棘手'的员工进行绩效面谈""是否要进行绩效排序"等问题；可能涉及国有企业、民营企业、中小创业公司等不同的场景。这些细分的选题可能更适合进行微课的设计与开发。

那么，如何确定合适的微课选题呢？

确定选题的程序

基于企业微课大赛部分导师的经验，在确定微课的内容之前，首先要考虑清楚下列几个问题：

- who：给谁看？
- what：他们需要了解什么？
- why：他们为什么会看？
- how：他们倾向于怎么看？包括：何时看（when）、在哪儿看（where）、用什么方式看？他们的学习特性如何等。

分析学习者

要解答上述几个问题，就要对学习者进行分析，了解受众群体的年龄、职业、爱好等多方面信息。

例如，某电力企业的培训师要做一台电力设备操作的微课。在开始动手规划微课之前，他要知道的是：①

- who：谁会看？操作电力设备的主体是电力企业基层员工。
- what：他们需要了解什么？这部分群体大部分是刚入行的新人，工作中需要操作这台电力设备，所以这门课是他们所需要的。
- why：他们为什么会看？因为这台设备是近期引进的，而且操作这台设备的员工很多是新人，所以他们存在这台设备操作技能培训的需求。
- how：他们倾向于怎么看？这一群体大多数是80、90后，熟悉手机等移动互联网设备，因此他们喜欢比较活泼生动的授课方式，常用手机来观看有趣、好玩的短视频，对体验要求较高。

这样，我们就了解了目标受众群体及其需求，微课的设计思路也会更加清晰。

---

① 感谢博日小K提供案例。

☐ 对照微课标准进行筛选

确定初步选题之后,可参考本书所阐述的微课标准进行筛选,看看是否为合适的选题。可以问自己的一些问题包括:

- 是否有真实的业务需要?
- 是否问题明确、聚焦,易于解决?
- 是否是你熟悉的领域?
- 是否有实用、易落地的"干货"内容?
- 是否有一定传播或再利用价值?
- 是否有新颖性?

以企业微课大赛参赛作品为例,参照好微课的标准,下列微课选题可做如下调整(见表5-1):①

表5-1 部分参赛作品选题调整

原题目	调整后的题目	原因
项目管理	房地产工程项目管理中的进度管理	选题宜小不宜大 好微课应有具体的场景 好微课应有明确的目标受众
情绪与压力管理	电话催收中的情绪压力管理	更紧密地与业务高度关联 选题更为具体、聚焦
个人理财	信用卡审批通关技巧——如何让你的信用卡申请顺利通过审批	聚焦 设定具体场景

所以,你的选题,对了吗?

---

① 感谢微课大赛导师谢冬提供案例。

微课选题：突出"三点式"，聚焦知识和技能

周　鹏

扫码听微课

微课到底讲些什么？这是一个很多初学者都会问到的问题。有人说微课可以包罗万象，什么内容都能往里放，也有人说微课太小了，几分钟讲不了什么，也就讲讲产品知识……你怎么看？

远离态度类课程，聚焦知识与技能类课程

众所周知，培训不能解决企业的所有问题，培训能解决的通常有三类：

（1）**知识的缺乏**：当学习者因为不知道知识/信息而无法完成工作任务时，可以为其提供知识类培训或支持。例如，某移动通信公司终端销售人员，如果对某项新业务（如流量包）的相关信息不了解，就可能影响其绩效。此时，就可以为其提供相应的产品知识类培训。

（2）**技能不熟练**：当学习者因为不能够熟练应用某项技能时，可以通过培训帮助学习者逐渐掌握该项技能，并促使其在工作中熟练使用。例如，零售药店中的销售人员若无法挖掘出顾客的真实病情，或不知道如何推荐适当的药品，就可能导致顾客流失。在这种情况下，可以为其匹配问答技巧、药品推荐等课程，来促进其技能提升。

（3）**态度的部分转变**：当学习者因为态度的原因导致工作质量

下降,可以通过培训来解决部分的意愿、态度问题。例如,在某些公司中,有些老员工对现有业务非常熟悉了却晋升无望,就可能产生厌烦情绪,导致业绩下降。此时,可以为其提供一些影响心态、激发态度类的培训,看看是否奏效。

以上是培训经理们经常会采用的分类方法,虽然一些问题仍未有定论,如到底能否通过培训来改变"态度",但一般经验表明,以培训作为解决绩效问题的配套方式,知识和技能类课程的行为转变效果要好于态度类课程;如果要改变态度,必须针对学习对象进行长期、强力的刺激才有可能,而为期2~3天的培训不太可能实现,微课程更是无法在那么短时间内创造足够的强刺激。

所以,我们建议微课选题,应远离态度类课程,聚焦于知识和技能类课程。

微课选题宜小不宜大

虽然微课适合知识和技能类培训,但要解决前面提到的几个微课选题误区,我们还需要进一步识别知识、技能主题中的核心内容。微课需要在很短的时间内传递出非常明确的知识要点信息,是什么,如何做等等,所以,一个微课的知识点信息不能太多,抓住一个点讲清楚、讲透彻即可,让学习者发现,学习一个微课就记住了某项知识点,或者能够应用某项技能,这是微课的理想境界。

具体来说,知识类选题可考虑:
- 完成工作必备的知识点;
- 能够为技能学习(微课和面授课程均可)夯实基础的知识点;
- 能够体现前瞻性的知识点;

- 最好一个微课只讲一个知识点。

技能类选题可考虑：
- 不需要很多操练的技能点；
- 能够实现跟随式学习的技能；
- 技能复杂,但练习较为简单的技能点；
- 一个技能类选题只让学员学会一项工作技能；
- 每个微课聚焦于一项工作任务,甚至只是其中一个工作步骤。

聚焦"三点式",激发兴趣

虽然微课看起来很方便,随时随地可以在移动设备上进行学习,但在信息爆炸的时代,什么时候学习、学习哪些内容,完全是由学习者自己控制的。所以,我们要设计的微课必须做到有趣、有料、有效,才能让学习者有兴趣去学习,并保持一段时间的关注,从而实现完整的学习。

因此,我们在选题时,应关注学习者需求,激发学习的兴趣。要做到这一点,就像程咬金的"三板斧",微课选题可以关注"痛点、热点、重点"。

☐ 痛点:解决"健康"问题

在员工最需要的时候,为其深感困惑、棘手的难题提供学习解决方案,将微课作为帮助员工解决问题、提升绩效的核心手段。

例如,人力资源部的小王正在分析公司上万人的性别比例和学历情况,但公司提供的只有全体人员的身份证号码和学历代码,如果逐一核实每一个人的信息，那得花费多少时间？小王想想都是醉了，正准备放弃的时候，突然想起来：公司最近在推行"高效office办公系列微课"。于是，他打开手机，输入"身份证号码统计性别""多行数据统计"等关键词，搜索出来了两个微课，一个是身份证号码识别性别，一个是数据透视，每个课程30秒，小王边学边操作，很快就完成了要做的统计工作。

这样的微课符合特定学习者的需求，在其最需要的时候，甚至无需推送，学习者就会主动搜索、学习。所以，微课选题第一个法则是：我们要总结、提炼目标学员工作中经常会出现困难的"痛点"，将其作为微课的选题来源，这样比较容易受到大家欢迎。

☐ **热点：解决"兴趣"问题**

抓住员工们最关注的"热点"，及时提供能够吸引员工兴趣的学习内容，激发员工对微课的热度。

例如，小张是某汽车集团公司的业务骨干，业绩突出，有上进心，但迟迟没能够晋升成功。为什么呢？因为该集团在每一级晋升之前都有一个测评中心考核，小张连续两次没有通过，如果再一次考核不通过，就将失去晋升机会。

现在，新的一次考核机会又来了，人力资源部已经下发通知，下个月上旬就要进行这项工作。包括小张在内的许多人都很关心，大家在食堂里吃饭时都在谈论这个话题。

此时，培训中心推出了关于晋升考核的系列微课：三招搞定晋升考核、考核导师告诉你如何晋升、成功晋升的考核回顾谈……小张和小伙伴们都很感兴趣，纷纷主动进行学习，短小精悍却管用的微课让大家很受益，学习热情高涨。

事实上，许多热点内容也可能是公司的方向、新兴业务，或行业前沿趋势，可以用微课的"快"来满足推动热点的需求。

☐ **重点：解决"必要"问题**

提供一些工作岗位中必要的基本内容，为员工持续提升绩效和进一步发展提供基础保障。

例如，小陈是某服装公司人力资源部员工，加入公司半年时间，接手的工作任务是员工绩效考核管理，小陈学习了公司的绩效考核管理办法，对操作流程非常熟悉。但是，小陈不甘心只是干绩效这一块工作，他了解了一下公司绩效改进顾问的岗位，获得了胜任该岗位所需的基本知识、技能要求。于是，他提前学习了人力资源部 OD 同事和一些业务骨干开发的有关绩效分析、改进的微课，内心里充满了力量。

所以，除了上面提到的"急用先学"的知识、技能点，也可以利用微课的灵活性，为员工提供前瞻性或者储备式知识点，为其未来成长补充养分，当真正用到的时候已经提前具备了良好的知识基础。

业务需求挖掘——微课选题的关键技能

庄进城

移动互联网时代，碎片化学习已经成为人们的学习习惯，微课符合"短小精悍"的要求，必将成为主流学习载体，这是"术"。然而，微课所承载的是知识和技能，其核心是对事物本质的深刻洞察，这是"道"。

因此，要想真正找到微课适合的选题，并挖掘到独到的"干货"内容，离不开深层次的需求挖掘和业务洞察，而这也构成了微课设计的底层构架。

从业务痛点入手

深层次需求往往以痛点的形式体现，痛点往往来源于业务目标实现过程中遇到的挑战，如迟迟得不到突破而影响业绩的关键环节。解决这些痛点，可以使业务取得重大进展，这便形成业务的关键需求。分析其本质，找到关键突破口和行动建议，这便是洞察。

基于用户思维，发现事物本质和内在规律，并结合自身经验和实际业务需求提出应用建议，正是需求挖掘所要实现的深层次目标。作为学习与发展顾问，需要敏锐地捕捉到关键业务需求，在理解了其内在本质之后，找到突破的思路、方法与工具。

那么，如何快速地捕捉到关键业务需求呢？

两类业务需求

首先，我们需要了解需求的分类与基本特点。通常情况下，业务需求分为显性需求和隐性需求。

显性需求是那些比较明确、可以被清晰地表述出来的诉求，而隐性需求也是客观存在于消费者内心中，他们感受到不便或不满足，但不能清楚地表达出来，甚至并没有被意识到，但是，当你将其描述或呈现出来时，消费者会感到惊喜。隐性需求往往是显性需求的延续，当显性需求被满足时，隐性需求就会逐步被强化和清晰化。

举例来说,在苹果手机未研发出来之时,人们对手机的显性需求停留于信号好、耐用等功能性层面;对于游戏、音乐、上网等层面有需求,但苦于没有产品可满足。这也是苹果手机一上市即受到全球消费者欢迎的根本原因。消费者的隐性需求被满足,在心理层面表达出来的往往是超越期望,会带给消费者惊喜的体验。

在企业经营与管理过程中,隐性需求往往难以辨认和挖掘。业务团队忙于实施各项业务计划、追求业务目标的实现,职能团队忙于落实各项具体管理与服务工作,甚至在一些企业中,还要处理复杂的人际关系。这使得大家都没有时间去挖掘客户的深层次需求,去思考如何取得突破性进展。

在这种背景下,学习与发展团队要具备"一双慧眼",深刻地理解业务发展关键需求,并整合资源为业务团队提供整体学习解决方案,成为业务发展团队的业务伙伴。这是企业大学支持业务发展、展现商业价值的契机。

挖掘业务需求的三项核心能力

在男装行业,根据笔者对终端门店 317 个用户的调研结果显示:实用、有趣、新鲜、丰富,是用户对微课内容及形式的整体需求。

从学员的角度来看,以微课形式呈现出来的知识,应能代表大多数学员的需求,而"务实、专业、系统"是对微课内容提出更深层次的要求。但不同层级学员对微课的需求有所差异,从决策层、管理层与执行层角度来看,执行层因其用户量最大、最接近一线和消费者,其对微课的要求要更直接、有效帮助其解决具体的痛点。

要做到这一点，学习与发展岗位团队应具备以下三项技能：

☐ 成为业务领域专家，抓住事物的本质

让自己成为了解企业主要业务领域的专家，不说"外行话"，是你与调研对象平等沟通的基础，也让你有机会透过现象看本质。

要使自己成为行业专家，需具备更快的学习能力，整合内外部学习资源，包括内外部专家、相关项目材料、公共知识资源库、行业报告、咨询报告等，快速了解该知识领域的逻辑架构、方法论与相关工具，找到行业内普遍面临的重点、难点和突破点，以及相应的解决思路、方法。

要有效地透过现象看本质，"五个为什么"（5 Whys）是一种有效的方法，帮助你深入分析问题的根源，以找到某个业务痛点的解决之道。针对某个问题，问5次"为什么"，每问一次都会产生多种可能性，再从这些可能性当中，找到最大的影响因素，再问为什么，依此逐步深入，直至问题的本质。

☐ 带着问题去调研，促进深入有效的对话

基于以上基础，结合你对企业实际情况的了解，要带着问题去调研，并在开展实质调研之前，提出关于业务需求及解决方案思路的假设，使调研成为验证需求、明确解决方案的过程，提高调研的效率，并确保解决思路尽可能贴近用户需求。

对决策层、管理层、执行层的需求调研重点、方法各不相同，可使用OGSM模型，帮助我们根据不同层级需要，理清思路，明确重点。

■ Objective（目的）即要达到的经营目的，指明了用户的具体工作方向，确保做正确的事。一般来说，Objective是定性的。

- Goal（目标）是要实现的经营目标，指明了要实现目的的努力程度，确保正确的努力程度，是结果指标，Goal 是定量的。
- Strategy（策略）即达成目标要采取的方法，指明了具体实现目标的路径，是一个选择的过程，并且要匹配相应的资源，以支持策略的落地。
- Measurement（衡量）即实现策略的各个具体指标，指明了策略落地实施的过程重点及努力程度，是过程指标。

对于某个层级用户的 OGSM，需要做到横向环环相扣，即 O 分解成 G（一般不超过 3 个 G），每个 G 由对应的 S 支撑（一般不超过 3 个 S），每个 S 由 M 来确保其有效实施（一般不超过 3 个 M）。同时，反向验证以确保横向的有效性，即 M 的实现一定可以支撑 S 的有效落地，S 的有效落地一定可以支撑 G 的实现，G 的实现一定可以达成 O。

对于不同的层级，要确保各个层级之间的思路一致性。让下一级的 O 承接上一级的 S，下一级的 G 承接上一级的 M，确保各个层级之间的紧密关联度，确保公司从上到下的高度一致性。

总之，当我们带着这个整体思路进行需求调研时，就有了清晰的思路，我们可以把调研变成一个深入对话、研讨的过程，不仅发现需求、验证假设，而且快速形成解决方案思路，并随时根据实际情况进行调整。

❏ 从实践中来，到实践中去

最后，要根据调研成果，迅速形成以微课为基础的解决方案，满足业务需求，推动业务发展。

定目标

尽管不是所有微课都需要设定明确的教学目标（例如，以绩效支持为导向的一门微课可能只需呈现一个范例或一张流程图即可），但是，明确地设定你的微课要达到的目标，无疑是非常重要的，无论对于将来的学习者和学习资源管理者，还是对于微课的设计与制作者，都具有很大的价值。尤其是那些以培训为导向的微课，确定教学目标更是不可或缺。

设定教学目标的 ABCD 法则

扫码听微课

在实践中，拟定教学目标要包括四个要素：行动者、具体的行为、行动的边界条件，以及要达到的标准四个要素。把这四个要素英文单词的首字母组合起来，我们将其称为"设定教学目标的 ABCD 法则"。

- A—"行为主体"（audience）：也就是微课的受众对象，是期望的学习者，也是目标陈述中的主语。

- B—"行为"（behaviour）：也就是学习者应做什么，是目标陈述句中的谓语和宾语。在描述目标时，应该清晰地说明学习者要做什么事情。这些行为应以可观察、可操作、可检验的动词来表述，尽量具体、意义明确、可测量，如"辨认""复述""描述""解释""说明""分析""评价""模仿""参与""讨论""交流""认同""拒绝"等，避免一些含糊、笼统或难以观察、测量、检验的词汇，如"了解""掌握""知道""熟悉"等。

- C—"条件"(conditions)：是上述行为发生的边界条件，说明行为主体在什么情况下或什么范围内进行期望行为的操作。
- D—"程度"(degree)：也就是上述行为要达到的标准，用以衡量学习者是否具备了预期的表现水准。同样，"程度"最好也是比较客观、明确、易于衡量的。

例如，一个运用 ABCD 法则表述的微课教学目标可能是："通过观看本视频，学习者能不借助提示，完整准确地记住并复述出特种设备操作的全部流程步骤。"其中，行为主体是"学习者"，行为是"记住并复述"（具体内容是：特种设备操作的流程步骤），条件是"不借助提示"，标准是"完整准备"（即无遗漏、无差错）。

定内容

俗话说，巧妇难为无米之炊。就微课设计与开发而言，如何萃取到完整、有用、有料的"干货"内容，是最核心的一项任务。

内容萃取

所谓内容萃取，指的是将存在于组织内外部、完成某项工作任务的诀窍、经验或最佳实践做法等收集起来，进行整理、提炼，从而便于后续的微课设计、开发、传播与使用。

从实践角度看，常见的内容萃取策略有两种：

专家法

以业务专家(有些也是内训师)为主,在教学设计专家或教练指导下,进行内容萃取与课程开发。

在实践中,常见的做法包括四种(见图5-2):

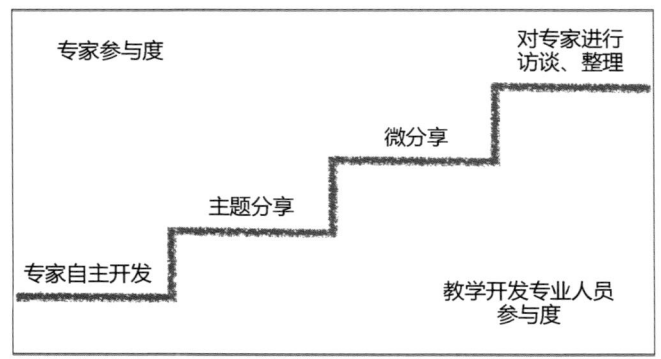

图5-2 业务专家参与内容萃取的四种方法

(1) 对部分业务专家进行课程设计与开发培训,使其掌握课程开发技巧,由其自主进行内容萃取、呈现设计,企业内部教学设计专业人员或培训管理者给予必要的指导或组织评审。

(2) 组织经验分享会,邀请业务专家进行主题分享。

(3) 组织类似TED式活动,邀请业务专家进行短小精悍的微分享。

(4) 由教学设计专业人员对业务专家或标杆员工进行访谈,了解其工作经验(包括原始的故事、案例、个人总结的方法等),整理、提炼之后,由业务专家进行审核。

上述方法中,第一项实施难度最大,因为它要求以业务专家为主,需要其投入很多时间精力,也要具备很多专业技能。而业务专家通常比较忙,没有太多时间用于知识萃取。此外还有技能(掌握知识萃取的方法)、意愿等方面因素的限制,虽然很多企业普遍采用这种方法,但其效果并不理想。

同样,第四种方法以企业内外部教学开发专业人员为主,也可能导致实际效果不佳:一方面,教学开发人员并不熟悉业务;另一方面,因为业务专家是被动参与,可能导致其重视或投入不足。因此,企业应根据自己的实际情况,选择适合的方法。

现场法

尽管业务专家可能对内容已经了然于胸了,但深入一线、了解一些关键细节,对于微课设计来说,也是至关重要的,因为业务专家可能认为那些东西已经是理所当然的,或者被其不经意地忽略了,而这些东西对于新手学习来说,往往是非常有价值的。因此,除了依靠萃取专家知识之外,由教学设计专家或培训师到工作现场,进行内部观察和访谈,进行知识挖掘和提炼,升华成有一定适用性的方法论、技术、步骤与工具等,也是企业知识萃取的常用方法。

组织经验萃取流程[①]

组织经验介于通用理论和具体成功案例之间,是具有企业特征概括性的知识和技能。组织经验提炼就是整理、萃取专家头脑中的隐性知识,并将之变成显性知识的过程。教学设计师可以根据这个逻辑设计提炼流程,具体步骤和方法如下:

---

① 注:本节作者为课程开发专家李文德,原文刊发于《培训》杂志 2012 年第 5 期,本书节选部分章节,并略作调整,虽然这篇文字并非专门针对微课设计,但其提出的组织经验提炼方法对读者仍有一定借鉴意义,仅供参考。

❏ 定位

这一阶段，设计师需通过访谈企业内部培训需求的发起者和相关人，了解企业的业务需求和课程定位。这些信息将为未来进行组织经验的提炼定好方向，做好准备。访谈的另一个目的是向业务部门的发起者展示课程设计师的专业性和项目的重要价值，进而获得他们的支持与认可，并且承诺协调专家资源，为后续组织大规模的专家访谈打下良好的基础。

需要注意的是，组织经验提炼是围绕具体的任务主题和情境展开的，一般可以分为操作型任务（如开汽车、打高尔夫）、人际型任务（服务、销售、客户挽留等）、思维型任务（制定职业规划、制定商业计划等），或者是几种任务组合（如设备故障排除是思维型任务和操作型任务的组合）。从认知能力分类的角度看，这些任务都归属为问题解决。根据问题结构的充分程度，可将问题分为结构良好问题、结构中等问题和结构不良问题，其对应的组织经验提炼标准各不相同（参见表 5-2）。

表 5-2　不同类型问题应选择不同的组织经验提炼方法

问题类型	特征	举例	组织经验提炼
结构良好问题	任务目标、当前状态、完成过程、限制条件都具备	演示手机功能	SOP/SOC 按照标准任务操作完成任务
结构中等问题	任务目标、当前状态、完成过程、限制条件部分缺失	完成手机销售	步骤流程＋方法工具 按照特定的程序和方法完成任务
结构不良问题	任务目标、当前状态、完成过程、限制条件全部缺失	开发一款跨界的个人智能终端	策略原则 按照特定的原则完成任务

教学设计师的核心使命是通过提炼和萃取推动问题的清晰化,把新手看来是结构不良的问题转变成结构中等问题,把结构中等问题转变为结构良好问题,以此来降低学习难度,加速组织经验的复制。

❑ 收集素材

素材的收集主要通过以下三种方式进行:

(1)外部理论框架搜索:包括已有的通用理论与方法论等人类智慧的结晶,用这些理论来挖掘经验。运用已有的框架去访谈专家,不但可以启发专家的思路,还能更有效地挖掘出专家的"知识地图"。

(2)内部资料收集:企业内部专家和管理者在工作过程中可能已经整理了一些案例素材和经验,这些资料可能存在于某些部门的案例大赛、知识库中的经验总结、内外部成果汇报交流分享文件中,而素材是组织经验萃取的基础,可以发动相关的知识管理人员、管理者、内部专家来收集。

(3)专家访谈:通过访谈和挖掘专家大脑中的"知识地图",提炼和萃取组织经验。专家访谈的前提是要找到真正的专家,专家一般来源于承担这个任务的岗位优秀员工和由优秀员工提拔的管理者,但也有许多特例,需要教学设计师认真思考。例如,某个电信设备供应商要开发一个常见网络设备故障排除课程,专家分别是企业的研发人员、企业在客户现场的服务工程师和电信运营商自己的网络维护人员,这三个方面的专家合力才能提取出真正有效的组织经验。

专家访谈分为一对一访谈和小组访谈,访谈的核心是收集典型案例、分析任务挑战、提取流程步骤、整理方法工具。一对一访谈主要是收集典型案例，使用的核心工具是 T-BEI（目标—行为事件访谈法，Target-Behavioral Event Interview），即根据任务进行关键事件访谈，获得代表性的案例素材；小组访谈更多是进行整体分析，按照任务界定、挑战分析、流程步骤分析、方法工具讨论和常见问题来展开。

☐ 整理萃取

资料整理完成后，就要进行萃取。典型的方法是从理论和实际案例素材两个维度去提炼并升华流程步骤和方法工具。整理萃取是关键点也是难点，需要发挥教学设计师的创造性，将案例素材中的成功之处提炼成可复制的知识，同时与对应的理论保持内在逻辑的一致性。

☐ 验证审核

组织经验被提炼出来之后，设计师需要向项目的发起者和负责人汇报，验证这些知识点是否具有针对性和概括性，是否可以作为课程的主要知识点，是否需要进一步的深度挖掘，是否有错误的地方等。

只有经过验收评估的知识才能进入课程开发和指导工具制作阶段。评估会是简单的验收方式，需要邀请业务部门领导、其他业务专家和目标培训学员参加，讨论评估组织经验的有效性和适用性。实证研究则是深入的验收方式，需要先用提取出的组织经验培训一批目标学员，跟进应用，然后通过受训者和未受训者在行为和绩效方面的对比来判断组织经验的有效性。目前，国内大部分企业只进行会议评估，但实证评估才是真正可靠的。

□ **整合开发**

结合前面所有访谈到的外部理论、组织经验、案例等素材，此时，教学设计师可以整合课程思路，进入课程设计与开发阶段。在课程后续的开发过程中，可能需要补充收集到的案例或微调组织经验。

需注意的是：结构良好问题，因其案例数量巨大，应用周期短，容易提炼也容易验证，例如，一线销售服务技巧、设备维护保养、故障处理等。但结构中等或不良问题普遍存在案例数量少，应用周期长，验证难度大的特点，难以提炼也难以验证，例如，制定年度运营计划、制定企业战略等。因此，企业在提炼组织经验时要考虑是否有足够数量的成功案例，这是能否提炼出有价值的组织经验的前提。

内容评审

由于微课时间有限，不可能在一门课程中呈现所有的内容，为此，需要根据教学目标，确认必须呈现的内容。

相关的甄选标准包括：

（1）完整性：有了这些内容，学习者是否就可以完成相关的操作，以达到预期的教学目标？

（2）必要性：这些内容是否必不可少，并无多余？也就是说，如果去了某项内容，学习者就无法完成相关的任务。如果删除了某项内容，对学习者完成预定任务并无大的影响，则这项内容就是多余的。

（3）明确性：这些内容是否明确易懂？

（4）清晰性：这些内容是否条理清晰、逻辑性强，无重叠、无交叉？

在微课设计时，可将拟定的内容拿给业务专家、教学设计专家进行评审，听取他们的意见。如有时间，也可快速绘制出微课原型，找典型目标用户进行验证。

定结构

结构是指呈现信息、解决问题的分析框架。结构清晰的微课，不仅条理清晰，而且富有说服力，便于提高信息沟通的效率和效果。如果没有结构，把一大堆信息胡乱堆砌，观点就会含糊、混乱。

要想确定内容的结构，首先要进行内容细分，然后再进行梳理，确定呈现的结构。在这方面，最常使用的方法是由知名咨询公司麦肯锡顾问倡导的"金字塔法则"。

内容细分

按照一定标准（如内在关联），将欲呈现的内容分解成一组较小的、具有内在联系的、简单、可单独解决的子内容。

在这方面，最常用到的工具是逻辑树、思维导图（mindmap）。

逻辑树

知名战略咨询公司麦肯锡在细分问题时最常使用的工具是"逻辑树"。所谓"逻辑树",是将问题的所有子问题分层罗列,从最高层开始,并逐步向下扩展。从纵向来看,每一层的观点是其下一层次观点的概括;从横向看,每一层中各个观点之间互不重叠、相互独立,且有一定的逻辑顺序。这就构成了一个问题分析或信息呈现的结构。

逻辑树是一个概念性框架,可以保证解决问题过程的完整性;同时,它也是一个系统化的分解过程,可以将工作细分为一些便于操作的部分,确定各部分的优先顺序及其与所界定问题的关联关系。

根据麦肯锡的实践经验,高质量的逻辑树要符合所谓的"MECE 原则"(mutually exclusive collectively exhaustive),即同一层级内的各个要素相互之间完全独立,没有重叠、交叉或包含关系,同时整体而言,确保将所有相关要素都已考虑进来,完全穷尽,没有遗漏。

确定信息表达/呈现的结构

按照麦肯锡顾问提出的"金字塔法则",信息表达时要遵循三个法则:

(1) 结论先行:从结论说起,开宗明义。

(2) 层层分解:按照逻辑树分解的结构,将信息层层展开。

(3) 逻辑递进:确保同一层中各个观点之间相互独立,并有一定的逻辑关系。

同时,如同其他常见的公文、课程一样,微课也需要有简明扼要、生动有趣的序言(开场),以及最后的归纳总结。这样,我们可以大概得出微课信息呈现的一般结构框架(参考图5-3):

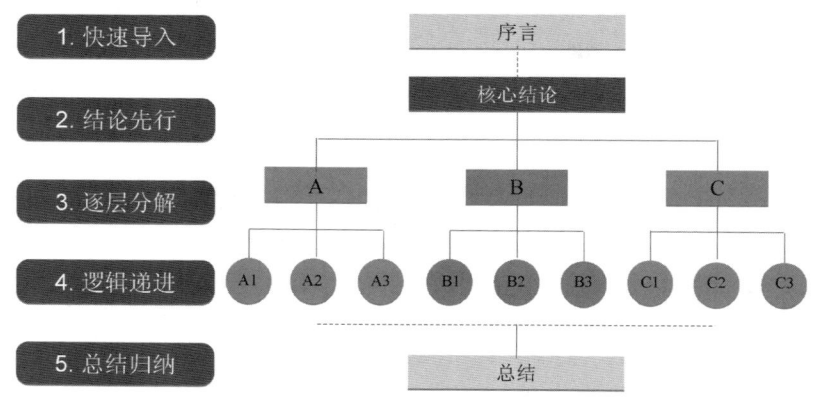

图5-3 内容呈现结构示意图

需要注意的是,微课的序言不能拖沓,或者"迂回",要快速切入,简明扼要地说明场景、抛出主题或要解决的问题、涉及的任务等,并引发关注。

其次,为了防止学习者因其他干扰、不感兴趣而中途退出,最好在开场之后将结论和盘托出,从而让其在很短的时间内也能有所收获。

在吸引住了学习者愿意看下去的情况下,我们可以参考"相互独立,完整无缺"(即麦肯锡所谓的"MECE"法则)的要求,逐层进行分解、展开,同时在每一层中保持一定的逻辑关联(顺序、因果、递进,等等),这样可以让人感觉条理清晰、逻辑性强,有助于提升学习效果。

最后,简要地对内容进行概括总结和收尾,强化记忆,并引发行动。

当然,以上只是信息呈现的一般结构框架,读者可以根据自己的实际情况,灵活使用。

部分常见微课类型的内容结构

如上所述,在实际工作中,常见的微课包括下列类型:

(1) 知识原理类:阐述一个知识点,或解释一个现象背后的原理;

(2) 操作技能类:展示一项任务的操作流程、要点或诀窍;

(3) 问题解决类:说明如何解决一个具体的问题;

(4) 案例故事类:分享具有特定场景(时间、地点、人物)下的事件。

就以上类型,人们在实践中也总结出了一些模型或框架,展示了各类微课程必须包括的一些内容元素(见表5-3)。

表5-3 不同类型微课应具备的内容要素

类别	要点	内容结构参考模型
知识原理类	解释,说明	why-how-what 2W1H
操作技能类	讲解,示范	训练四步骤 & IPARK 模型
问题解决类	描述问题,分析原因,讲述解决方案	问题解决流程 SCQA 模型
案例故事类	场景描述,观点与启示分享	STAR 模型 SCQA 模型

沟通的"黄金三环"(why-how-what)模型

西蒙·斯耐克(Simon Sinek)在TEDx演讲"伟大的领导人如何激发行动"中,提出了一个简单的沟通模型,他称之为"黄金三环"(golden cycles),可以作为呈现知识原理类微课的一个参考。①

西蒙认为,要想激发人们产生行动,在沟通时要先从"为什么(why)"开始,只有让人们理解了你的信念、价值观和你做事的理由,在这一点上认同了你,才能产生深层次的动机和追随;其次,基于你的理由,阐述你是"怎么做"(how)的,即你的核心价值主张、专有过程或独特卖点(USP);最后,才是你的产品有什么具体特性"是什么(what)"等细节层面的东西。

这是一种由内而外的沟通方式。相反,传统上,人们在介绍自己的产品或服务时,采用的是由外而内的模式,介绍自己产品的FAB(特性、功能和价值,Features, Attributes and Benefits),有较强的推销感觉,难以打动他人,属于平铺直叙的模式。

所以我们在设计知识原理/信息说明类微课时,也许可以尝试一下西蒙提出的这种沟通方式。例如,在解释一个知识或原理、介绍你们的产品或服务时,先提出一个与听众相关、他们期待的问题(why),然后再解释这个知识如何应用(how),是怎么做到的;最后提出你的产品有什么特性、你要说明的原理具体是什么(what)等。

---

① Simon Sinek, How great leaders inspire action, TED.com

SCQA 模型

让我们先来看看下面这段话,您能找出其中的问题吗?又该如何改进呢?①

> 目前,我公司与珠海市柏宁出租车公司合作推出了12581258出租车电招热线,对于广大市民来说又是一大便利。我这里给大家介绍一下12581258调度台的用户界面,通过这个系统……

这样的呈现是不是过于平淡,难以抓住用户的注意力?
如果我们通过S—C—Q—A模型,可以将其改写成以下内容:

> 不知道大家有没有过这样的经历?在比较偏僻的地方等了很久,都等不到一辆出租车;好不容易来了一辆,说不定还要跟一起等的人抢,感觉特不方便!如果有女伴在,男士们也会觉得好没面子!
>
> 下次,如果再碰到这样的情况,怎么办呢?您只要拨打12581258,出租车轻松预订!不信,让我们赶紧拿出手机来试试……

是不是读起来生动多了呢?
在上面这个案例中,首先描述了一个具体的"场景"(偏僻的地

---

① 感谢企业微课大赛导师唐平提供案例。

方……),并揭示了"冲突"(等不到车,抢,特不方便,没面子……);接着提出了"问题"(下次,再遇到这样的情况,怎么办?),最后给出了"行动建议"(拨打电话……)。虽然简短,但交代得比较清楚,也更生动有趣。

STAR 模型

所谓 STAR 模型,指的是 Situation(情景)、Task(任务)、Action(行动)和 Result(结果)四个英文单词的首字母组合。

在撰写和呈现情景化的案例或故事时,可以参考这个架构。

- S—情景:任何案例都是发生在特定情景之中,也就是在特定时间、地点,有特定任务,当时是一个什么样的状况。场景描述越具体、生动,越能让人们产生很强的"带入感",也便于学习者理解要传达的学习内容(因为知识本身就是带有场景色彩的,在不同情景之下可能有不同的行动对策)。

- T—任务:在特定场景之下,学习者面临的任务、挑战是什么?要达到的目标是什么?旗帜鲜明地提出任务和问题,让学习者了解微课的中心思想或主题。如果在阐述任务时,能描述一下具体的冲突或问题,则可能有助于增强戏剧性和吸引力。

- A—行动:解释应该采取哪些行动。这可能是内容的主体部分,行动步骤要清晰、具体,并说明其中的关键点。

- R—结果:描述行动的结果,或是否合格的验收标准。

按照上述要素,我们可以设计出一个简单的案例内容结构模板(见表 5-4),供大家使用参考:

表 5-4 一个简单的案例结构模板

案例名称					
时间		地点		主要人物	
背景(S)					
任务(T)					
行动(A)					
结果(R)					

训练四步骤 & IPARK 模型

麦当劳、肯德基等企业在对新员工进行在岗训练时,基于岗位工作的细化分解和工作标准,采用了相对结构化的"岗位训练四步骤"法:

(1)准备:检查必要的训练资料,设备设施是否正常,物料是否充分,环境的清洁、安全,让员工保持放松的心情,如需要,重温岗位观察检查单(SOC),进行岗位简介;

(2)呈现:讲解岗位操作要点,示范整个过程,每次示范一个步骤并解释原因;

(3)试做:让员工试作,让员工解释"如何做"和"为什么",耐心地指导、鼓励员工,用积极的方法立即纠正错误的操作;

(4)追踪:通过对工作结果的追踪来判定员工是否达到了规定的标准和要求,为员工提供支持,并通过强化训练,养成标准的操作习惯。

上述流程基本上可以视为一系列线下微课,或一门完整的微课程。更详细的步骤及注意事项,请读者自行搜索了解。

如果我们要制作一门在线的操作/技能类微课,应该如何规划内容的结构呢?

借鉴上述方法,并参考百科经验的四部分结构框架:简介→工具/原料→方法步骤→注意事项,我提出了一个"IPARK"模型,共包括五方面内容,可供大家使用参考。

☐ 简介(Introduction)

简明扼要任务的概况,引起学习者的注意,并强调该项工作的重要性,对学习者的价值,激发学习兴趣和动机。

☐ 准备(Preparation)

这一部分可以简要地介绍开始之前需要准备就绪的内容,包括必要的工具/材料、设备或设施、工作环境或条件,操作者需要具备的基本技能等。

☐ 步骤(Activities)

准备就绪之后,要将任务或工作的操作步骤细化,进行讲解和示范。请注意,不仅要讲解和演示做什么(what)、怎么做(how),也要简要地解释"为什么"(why)。

如果任务比较简单、明确,步骤不是特别复杂,可以采用图文配合的方式,否则就要用视频或动画演示的方式来呈现。

☐ 结果(Results)

明确地提出任务/操作的产出结果,或者验收合格的标准(标志)。

☐ 注意事项（Key Considerations）

最后，需要说明执行该任务中的注意事项，包括关键转折点（即一旦出错，会对结果的好坏产生很大影响，或者难以回复到之前的状态）、易错点、风险点、诀窍等。

如有条件或必要，也可列出相关参考资料，以供学习者深入学习探究。

快速课程开发设计框架——CCAF

在线学习专家迈克尔·艾伦（Michael Allen）和理查德·赛茨（Richard Sites）在 *Leaving ADDIE for SAM* 一书中提出了一种快速课程开发方法，不是聚焦于内容的传递与掌握，而是从学习者所处的真实情境出发，描述具体的挑战、任务及其解决方案，从而快速促进绩效的改进。他们将其称为CCAF，因为在他们看来，互动学习活动包括四个基本要素，分别是环境（Context）、挑战（Challenge）、活动（Activities）和反馈（Feedback）。虽然某一个具体的学习活动并不必然囊括所有四个要素，但人类学习离不开上述要素，它们的不同特性及组合形成了不同的学习活动。

☐ 情境

指的是学习者在应用所学时所处的具体情景，包括：学以致用发生在哪儿？会涉及到哪些人？当时的状况是怎样的？

在课程设计时，要把情境描述得尽可能清晰、具体，这样当学习者在真实工作中遇到类似场景时，可以快速将所学加以应用。

□ **挑战**

也就是在那个情境之中，学习者面临的问题是什么？要达到何种绩效表现？

在教学设计时，要么能调整挑战的难度，要么使其与学习者的能力或经验相匹配，否则可能会影响学习体验。因为对于学习者来说，挑战要是过于困难，学习者就会"发怵"，压力过大；过于简单的挑战，会让学习者感到无聊。在微课设计时，精准聚焦，明确目标受众，让挑战位于其可以应对的范围，使其有兴趣去探索，有助于微课的成功。

□ **活动**

指的是学习者在那个情境中，如何应对所面临的挑战？他们需要做哪些事情？

在教学设计时，不仅要讲明白具体的活动，而且要阐述在什么场合做什么事情，从而实现更好的匹配。

□ **反馈**

指的是可为学习者提供后果和判断两方面的反馈。结果是做了或不做某事会发生什么，是一些具体的表现（指标）；判断是在不同情况下采取什么行动是否适当。

按照上述互动学习的要素，我们可以快速设计出一个有具体场景、问题、行动和结果的完整课程，特别适合微课设计参考。

以下是CCAF快速设计课程的一个模板（见表5-5），大家可以参考使用。

表 5-5 快速课程设计的 CCAF 框架模板

情　境 学以致用发生在哪儿？ 涉及哪些人？ 当时的状况是怎样的？	挑　战 学习者面临的问题是什么？ 要达到何种绩效表现？
活　动 如何应对这一挑战？ 他们需要做哪些事情？	反　馈 做得不好的后果是什么？ 具体表现是怎样的？ 好的表现有哪些指标？

来源：Richard Sites & Angel Green, Leaving ADDIE for SAM Fieldbook, ASTD, 2014

轻松搞定四类微课结构

贺　丹

微课作为互联网时代的一种学习方式，不仅可以帮助我们优化工作经验，还可以帮助我们梳理日常的工作知识，并提炼出相关要点。但是，要充分发挥微课的威力，不仅需要选准"爆破点"，而且需要精心设计微课的结构，使其在短时间里爆发出巨大的能量。

那么，微课的架构设计有什么诀窍吗？

基于我们的实践，有以下四类微课，它们的架构设计都有一定的诀窍。快来看看吧！

□ 问题型微课

很多微课要讲清楚切中学员要害的一个问题。此类微课的设计可以从提问题开始,然后分析问题,引入学员的互动,之后设计出相应的理论或者技能讲解,最终在微课中帮助学员解决问题。

例如,在管理类微课程"如何管理难缠的员工"中,我们首先向学员提出一个问题:什么是难缠的员工?接下来,分析这类问题员工的各种表现形式,以及给我们造成的管理困惑和问题;最后,讨论出相应的解决方案。

小结一下:设计问题型微课,可以参考以下架构(图5-4):

图5-4　问题型微课的呈现结构

□ 案例型微课

为了增加学员的兴趣,我们可以从某个来自于学员实际工作场景的案例切入。通过这个案例的展示,引发学员思考,或者做相应的问题讨论。之后,再做相关的案例分析与讲解,最终将课程的重点和结论和盘托出。

例如,在"辅导新员工"的微课中,用一个常见且形象生动的案例切入:新来的销售和自己的经理一起去拜访用户,其中错误频出。由此引发了学员的思考:如何辅导新员工?在第一个案例结束后,我们会进一步引出问题,启发学员思考需要关注的焦点问题;之后,我们给出了一个相对完善的辅导案例,帮助学员回归到现实工作中,理解辅导的技巧和辅导的艺术性。

小结一下,设计案例类微课,可以参考以下架构(图5-5):

图5-5 案例型微课的呈现结构

▢ **技能型微课**

我们也可以从某个错误的事件开场,或者是某个事件的结果状态,作为微课的引爆点。然后,重点设计技能操作的关键点,讲授正确操作的流程。最后,进行总结,阐述相关工作操作的正确行为或是流程。

例如,在微课"销售冠军的成功秘诀"中,我们通过销售冠军的追忆,分析销售工作中的时间管理、任务分配等重要步骤,以及销售人员如何才能提升销售工作的效能。

所以,设计操作技能类微课,可以参考以下架构(图5-6):

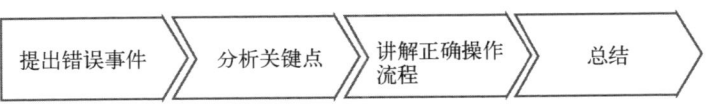

图5-6 技能型微课的呈现结构

扫码听微课

▢ **内嵌型微课**

除了上述三类微课,企业中的微课还有很多其他不同的主题,有时需要将案例或者问题内嵌到课程结构中,进行灵活组合,达到引发学员讨论互动、课程归纳总结等目的。对于此类微课的结构设计,要特别注意开场和结尾部分,就像中国人写文章所讲的"虎头豹尾"。

首先，开场 60 秒是微课的"虎头"，在此 60 秒内，必须抓住学员的眼球。例如，在"销售冠军的成功秘诀"中，就用销售冠军分享成功经验作为"诱饵"，吸引大家想要看下去；在"辅导新员工"中，用新销售拜访客户过程中错误频出的案例切入。一般来说，正反案例、绩效问题、工作事件等都是设计微课开场的好工具。

那么，应该如何设计微课的结尾呢？事实上，因为微课的时间很短，许多人在开发微课时，很容易忽视了结尾的设计，草草收场。不得不说，这会让你的微课"丢分"。我的经验是，微课的结尾一定要干净简洁，用 1～3 句话讲清楚"你要学生带走什么"，如总结教学重点、行动提示等，达到画龙点睛的作用。

定创意

根据上文所述的好微课标准，无论是课程总体风格，还是标题、开场、呈现方式、制作细节、图文、配音等，都要追求创意，让微课更加好玩、有趣。为此，在微课设计中，要确定微课呈现的创意方案。

虽然创意没有固定的法则，但在实践中，我们以广告营销领域的 AIDA 模型为框架，来指导微课的设计，在许多客户那里取得了很好的效果。

广告营销中的 AIDA 模型

AIDA 是四个英文单词的首字母：第一个字母 A 为 Attention，即"引起注意"；I 为 Interesting，即"保持有趣"；D 为 Desire，即"激发动机",最后一个字母 A 为 Action,即"促成行动"。

□ **Attention（引起注意）**

在浩如烟海的信息洪流中,在人们日渐缩短的注意力中,好的微课应该想办法引起大家的注意。

例如,是否可以给你的微课起个"性感"一些的题目,以"吸引人的眼球"？是不是可以设计一个很好玩、很酷的开场？是不是可以做个拉风的海报？说不定这些小"招数",就会让你的微课从众多微课中"脱颖而出"！

□ **Interesting（保持有趣）**

现代人生活压力大,没有人喜欢板着脸听人说教。所以,微课设计很关键的诀窍之一,就是要好玩、保持有趣。这样人们才能愿意看下去。

所以,微课的总体节奏应该明快,图形与文字可以富有变化和设计感,配音要活泼,语言风趣幽默,媒体呈现新颖有趣、形式多样。例如,可以使用活泼的动画、正反案例对比、手绘风格、高颜值等,都可以为你的微课加分。

□ **Desire（激发动机）**

说到底,微课的目的是要让人们做出某些改变,无论是认知,还是行动。而要做到这一点,就需要考虑:学习者为什么愿意做出改变？如何激发 TA 们的动机？因此,在设计微课时一定要把这一点考虑进去。

如果无法唤醒人们内心深处隐藏着的渴望,不能激发人们想要做些什么的动机，无论你的微课设计得多好玩、有趣，人们也可能只是哈哈一笑，没有行动。或者，虽然你的微课有一堆"干货"，却设计得枯燥乏味，也可能让人望而却步、退避三舍。

所以，这是微课设计中非常关键的任务。

好的设计者需要洞悉人类的心理，懂得激励理论。例如，是否要考虑"胡萝卜＋大棒"的策略？学习了你的微课，可以给学习者带来什么好处（在西方，人们常用一句短语"what is it for me"来发问，缩写为"WIIFM"）？如果不了解你微课中的内容，可能会给学习者造成哪些伤害，或带来哪些损失？或者，你是否能撩起人们内心深处的某种渴望？

需要指出的是，尽管有一些参考方法，但激发动机仍是很微妙的一件事，有时候其艺术的成分甚至会大于科学性，同时激励的效果也有可能因人而异。所以，既离不开本能与直觉，也需要大家多加练习、善加揣摩，很难给出一副"放之四海而皆准"的"配方"。

☐ Action（促成行动）

如上所述，微课的根本目的之一在于对人们有所触动，使其产生一些行动。

就像教学目标中所讲的那样，你要让哪些人、在什么情况下、做什么事，产生哪些结果。在设计微课时，这些既是你的出发点，也是你的落脚点。说它是"出发点"，指的是在设计时，上面所有努力都应该以此为指导；说它是"落脚点"，指的是在实际呈现时，一定要引导到人们来到你所期望他们采取的行动上。

AIDA架构虽然说起来简单，但是，在市场营销乃至人类沟通领域，我们能从许多经典甚至传世之作中找到AIDA的身影。因此,希望你能真正领悟并熟练地使用,做出杰作来。

定形式

任何微课都需要一定的载体或媒介呈现形式。那么,对于你的微课,到底应该选择哪种呈现形式呢?

微课常见形式

常见的微课形式包括视频、图文、幻灯片、互动课件、音频等,它们各自有一些优劣势及其适用条件(参见表5-6):

表5-6 微课常见形式

格式	应用	优势	劣势
互动课件	鼓励学习者参与和思考	学习者自己把握节奏,吸引人	不易更新、部分软件无法导出
幻灯片	循序渐进的学习,可以很好地呈现步骤或点状内容	非常容易且常见的富媒体格式	不适用于过于复杂的话题
视频	通过情景或演示来传递	直观生动,令人印象深刻	对设备和带宽有要求,缺乏互动元素
Pdf	简单直接的信息呈现	简单、易于制作	用户体验不够好,参与性差
图片	简单的视觉化呈现	容易快速制作	很难保持清晰简洁
音频	知识/信息传递、讲故事/道理	容易制作,适合特定场景下使用,占用流量小	互动性差,可能造成用户体验不好

□ 如何选择合适的微课形式

扫码听微课

首先，应根据教学目标和最终的成果来选择用什么样的呈现方法。这也是最主要的考虑因素。如果是较简单明确的步骤类内容，可以采取图文或 HTML5、视频的方式；如果流程步骤复杂，涉及一些技能操作类内容，用文字难以描述清楚，或者需要大量文字，则可选择视频或动画的方式来呈现；如果是知识类的内容，可以用纯视频、图文，甚至音频、HTML5 等方式。

其次，考虑学习者的偏好与使用环境。我们制作微课的目的是让目标受众使用，所以，要选择他们喜欢且能用的方式。例如，如果你的微课用了某种专有格式，需要使用者下载安装某个软件或播放器，则可能是不适当的。

第三，考虑时间、成本、制作难度。如果你或团队成员对某款软件或某种形式比较熟悉，且运用得心应手，可以更快、更好、以更低成本开发微课，也是考虑因素之一。

第6章 微课制作："七步成诗"

本章要点

制作微课总体流程包括四个阶段、七个步骤，它们环环相扣，被称为"七步成诗法"：

第一阶段：准备。包括两项工作：（1）根据微课的形式，选择适当的工具；（2）撰写微课脚本。

第二阶段：创作。根据脚本，收集或制作所需的素材。

第三阶段：合成。将准备好的素材导入软件，设定好顺序，添加文字和图形，录音或添加声音。

第四阶段：生成。预览无误后生成、导出。

扫码听微课

在完成设计之后,要制作出一门高质量的微课,还有一段路要走。

事实上,虽然从技术上这一过程没有任何障碍,但许多人由于对微课制作流程及具体操作仍很陌生,从而导致功亏一篑,有的是好的想法停留在纸面上,有的是粗糙的半成品。

基于实践经验,我们认为,制作微课总体流程包括四个阶段、七个步骤,它们环环相扣,被称为"七步成诗法"(如图6-1所示):

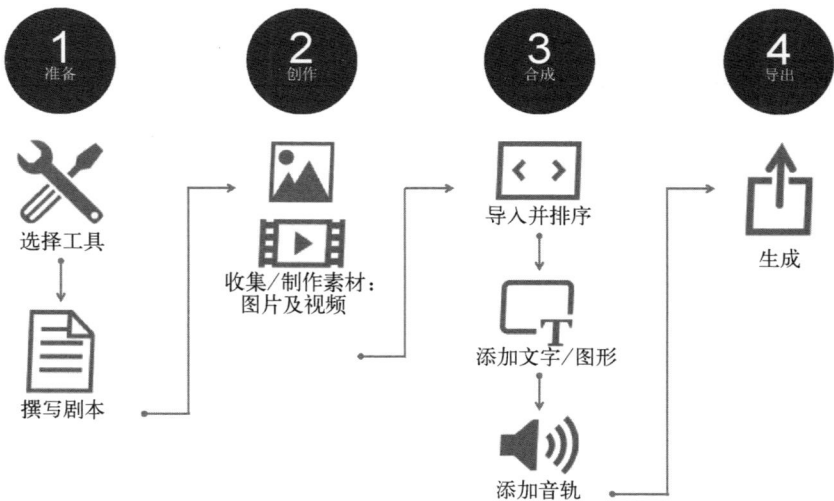

图6-1 微课制作的"七步成诗法"

选择工具

现在,无论是PC上,还是手机上,都有很多制作微课的工具,从免费软件、功能简单易用的轻应用,到专业、功能强大的套装软件,让人眼花缭乱。因此,在确定了微课的形式之后,还要选择称手的实现工具。

以下是微课制作工具不完全列表(见表6-1):

表6-1 微课制作工具不完全列表

流程	操作	典型软件工具	优势	劣势
撰写脚本	文字/表格处理	Microsoft Office,WPS,Keynote/Pages/Numbers	简单易用	
	原型设计	Balsamiq Mockups	简单,交互设计功能强大	
素材编辑	图片	Photoshop,其他图片处理软件	功能强大	部分软件使用起来较复杂,需专门学习/练习
	视频	绘声绘影,iMovie,Media Player,小影	功能强大	部分软件使用较复杂,需专门学习/练习;一些易用的软件功能有限
	声音	Audacity	免费,简单易用	
合成	PPT转视频	Microsoft Office,WPS,Keynote/Pages/Numbers	简单易用	难以实现一些专业效果
	视频合成	小影	免费,简单易用	
	录屏	EverCam,Camtasia Studio,Snagit	简单易用,功能强大	难以设计一些互动活动
	HTML5	初页,炫页,易企秀……	免费,简单易用	一些软件无法导出,功能有限
	专业课件制作	Articulate,Explain Everything	功能强大	部分软件使用较复杂,需专门学习/练习

在第 7 章中，我们将对部分软件工具的使用进行简介，大家可以参阅。

撰写脚本

要不要写脚本

尽管不是所有微课都需要撰写正式的脚本文件，但毫无疑问，它在下列几种情况下，仍是非常有价值的。

- 你是新手！如果你还没有成为将一切了然于胸、可以无一遗漏、一气呵成的高手，将你的想法写下来，不仅有利于你后续的制作，让你有备无患，也有助于养成良好的习惯。
- 你想快速提高！你可以在没有实际动手之前把脚本拿给同事或专家，听取他们的意见，你也可以在后续的制作过程中再回过头来看一看微课脚本，分析一下自己的利弊得失，从而帮助你快速学习和提高。
- 你不是一个人在战斗！在许多企业中，微课制作依靠的是团队合作，有的人擅长内容萃取，有的精于教学设计，有的熟悉软件使用和制作。要想让团队配合无间，清晰明确、完整的脚本无疑是一个关键。

如何撰写脚本

既然脚本是重要的,那么,如何撰写微课脚本呢?

撰写微课脚本,有如下一些参考原则:

(1)承接设计,并将其实现:脚本是微课设计与制作两大流程之间的重要产出与输入,所以,它一定要体现出微课设计的主旨,将其变成具体的实施方案。

(2)画面感要强:好的脚本要能够让人看完之后,在脑海中形成连贯的画面,就像最后的成品栩栩如生地呈现在眼前,所以,一定要有具体的画面。

(3)尽可能细致:如有可能,要细化到秒,何时出现什么图形(或图像),有哪些人物,他们的对话是怎么样的,画面上出现什么文字,有无字幕、旁白或音乐,总体的风格,要达到的效果,等等。

(4)一定要口语化:就像电影脚本一样,如果找人配音或制作的话,别人就会按照你的脚本来准备台词,所以,微课脚本要口语化,真实地反映制作成品的样子。

(5)可使用草图技术:如果来不及找到或制作出具体的图形或音视频,可以采用UI设计中常用的原型或草图技术,简单勾勒出框架或标注要点,以加速脚本的撰写。虽然很多人可能对自己的绘画能力不自信,但草图技术的关键不在美观,只要表达出创意、核心思想、框架结构即可。

在本书附录中,刘宁老师给大家提供了微课脚本的模板和范例,大家可以参考使用。

搜集或制作素材

脚本准备好之后,需要按照每一个画面的具体要求,搜集或制作素材,包括在制作中要用到的:
- 视频片段:进行拍摄,或者剪辑;
- 声音:录制,或寻找可用的成品;
- 图片:用相机拍摄,或使用相应的电脑软件进行制作;
- 图形:绘制;
- 其他道具:按要求进行准备。

如何拍摄视频片段

视频是在线微课不可或缺的素材。常见的视频拍摄途径有很多,例如:
- PC、智能手机自带的摄像头;
- 家用数码相机、摄像机;
- 专业摄像设备。

拍摄方法有下列七种(参见表6-2):

表6-2 主要视频拍摄方法

拍摄方法	描述	适用范围
现场实景拍摄	需要有演员、场地和摄影团队,有时还离不开后期的视频剪辑处理,需要具备一定专业能力与技巧	适合展现案例、故事,或操作、技能

续 表

拍摄方法	描 述	适用范围
讲师录制	由讲师出镜并主讲,通常是在教室或办公室等场所,有的则是在专门的摄影棚内录制	适合知识/原理讲解、经验分享等多类微课
局部实拍	只是对具体实物、动作(操作)进行拍摄,讲师不出镜,而是在画外配音讲解	适合展现详细的操作、技能,或讲解知识/原理
手绘动画	画面以动画演示或手写板上的操作为主,讲师在画外配音讲解	适合制作类似可汗学院风格的微课
录屏	有许多专门的软件,可用来记录电脑屏幕上的操作轨迹	适合展示软件的操作与使用技巧
PPT转存视频	大多数办公软件都有插入视频、音频、图片/图形、文字等功能,也能设置播放顺序和动画效果,因而可以将PPT转存(或导出)视频	适合于很多微课类型的操作,如知识/原理讲解、案例、操作等,也比较简单便捷;如果使用熟练,也可以做出很棒的作品来
合成	一些课件制作工具或视频合成、编辑软件,可以提供更为强大而专业视频制作与编辑能力	功能强大,适合多类微课

到哪儿去搜图片

无论是做PPT,还是微课,很多人会很自然地打开搜索引擎,去查找自己需要的图片、音乐。你是这么做的吗?

如果是，我要善意而郑重地提醒你：虽然这样做很方便，但却隐藏着风险。搞不好的话，可能存在侵权或被起诉的风险。

那么，我们应该到哪儿去找图片呢？

下列几种方式，可供参考：

☐ 自己创作

现在智能手机已经非常普及了，大家在日常生活中，随手拍摄一些照片、视频，积累下来，可以作为微课的素材；此外，可以利用Office 软件，如 Microsoft PowerPoint、WPS、Keynote 等，通过一些简单的形状组合或手绘功能，创作一些简洁的图标、图片等。

☐ 购买

有一些专门的图片网站，可以付费购买一些你喜欢的图片。有的网站也有部分免费的图片，或者注册后去除水印等。

常用的图片网站包括：

- 昵图网：www.nipic.com
- 千图网：www.58pic.com
- 全景网：www.quanjing.com
- 淘图网：www.taopic.com

☐ 免费图片

通过网络搜索，可以找到很多号称可以免费下载使用的图片网站（的确有，但也不尽然），注册后可放心选用，从而规避版权问题。但是，大家要留意一下这些网站是否正规、版权声明如何等，不能随便从搜索引擎上下载图片，也不要轻信所谓的免费宣传。

其实，只要你有心，通过不断地收集、创作，留意积累，你就可以建设一个有自己风格、符合自己需求的素材库，以后使用就得心应手啦！

此外，在使用时，可根据需要对图片、声音等素材进行处理。

导入并排序

就像做饭一样，在所有素材准备就绪之后，需要打开相应的微课制作软件（第7章中有部分软件使用的说明），按设定好的顺序导入素材，排好正确次序，保证内容片段的相关性和上下连续。

以企业培训师最常使用的PPT转视频为例，就是在PPT软件中建好各个页面，在每一页中插入预先设想的图片、视频，并排列好先后顺序。

如果有图形与文字，可以在添加完成之后，总体设定播放的动画顺序。

添加图形与文字

接下来，我们要对页面进行适当编辑，设定好背景，并在页面上添加/编辑文字，包括标题、关键学习点和额外的"装饰"（如图标、图表等）。

同时，插入一些简单且高度视觉化的图形，能帮助学员更好地理解内容、便于记忆。

微课中的图形与文字处理的小贴士

在这里,就微课中的图形与文字处理提一些简单的行动建议:
- 保持简洁,不要堆放大量文字、图片;
- 注意配色美观、清楚,确保风格协调,不要搞得繁杂、花哨、主次不清;
- 重点突出,不要使用多种字体、字号;
- 最好使用线框图,而不是照片(范例除外);
- 确保能在实际使用时被操作者看清楚,尤其是考虑到学习者可能会在移动设备上观看,应注意字体、字号与图片的清晰;
- 确保图表的使用与要表达的中心思想相关,有助于理解和记忆,不要添加不相关的信息(包括图片)。

添加音频

对于视频类微课而言,接下来就要进行录音或添加音乐。

关于录音,在第 8 章"进阶技巧"中,有专业声音导师郭苑洁关于"录音"、"录制微课"的经验分享,感兴趣的朋友可以参阅。

关于微课录音的小贴士

在这里，我们给大家提供几个关于微课录音的小贴士，供参考：

- 建议分段录音，再插入，便于后续调整或编辑；

如果是整个微课从头到尾、完整地录音，一旦某个环节出错或者需要修改，可能就得从头再来，或者对其中的一部分进行补录、编辑，不仅麻烦，而且有可能出现不一致的感觉。而分段录音，调整起来更为灵活，如有错误，只需将那一部分重新录一遍即可。

- 选择一个合适的录制环境，保持背景安静；
- 必要时，可使用音频编辑软件进行适当处理；
- 注意调整背景音乐的音量；
- 背景音乐的风格要与主题相符。

导出

在进行预览或确保素材顺序合理、图文、声音匹配的情况下，进行录制或合成，生成、导出视频课件。

如果对课件质量要求不是特别高，一次就能搞定。其实，这也符合微课的精神，因为微课特征之一就是短小、简单、快捷，在多数情况下，不必追求细节上的精益求精或"高大上"。

但是，如果对课件质量要求较高（如希望做成精品，或是参赛），或者你是新手、不太熟练，那么，一次录制之后，若对效果不满意，可能要回过头去，对声音、图文、素材等进行调整，甚至要修改或重新创作设计方案。

从我们的经验看,微课的制作既有一定的科学性,但更多的是一种"手艺",需要勤加练习。

此外,微课发布之后,也要留意收集使用者的反馈,以便进一步优化。

第7章 微课制作：工具实操

本章要点

> 本章将介绍5种常见的微课制作技术/工具的实际操作：PPT转视频，EverCam，Explain Everything，Articulate，炫课。

> PPT转视频是最常见的微课制作方法，简单便捷，功能强大，如果运用纯熟，借助主流的办公软件，如Microsoft Office、WPS Office、Keynote等，就可以做出高品质的微课来。

> 其他几款软件功能各异，请读者朋友们根据需要选择参考。

如上文所述，微课之所以能成为一种潮流，一方面拜技术所赐，另一方面也促进了技术的发展与使用。现在，随着智能手机和移动互联网的普及，大量简单易用的视频制作和分享工具"唾手可得"。

例如，如果你想拍摄和合成视频，通过可以运行于千元智能机上的免费 App（如"小影"），几乎无需培训，任何人都可以上手，做出很棒的短视频来，甚至还有一些看起来很炫的字幕、转场效果等。

再如，制作微课最简单而常用的方式是通过 PPT 转视频。现在，无论是手机，还是 PC 上的常用办公软件，如 Microsoft Office，WPS office，还是苹果的 Keynote，都具备这个功能，而且使用很方便。

就连过去比较复杂的 HTML5 互动网页，现在也出现了大量简单易用的软件，如初页、炫页、易企秀、场景秀等。稍加练习，普通人也可以做出很不错的微课件来。

因此，在我看来，从技术层面看，制作、使用、传播微课已经没有任何障碍了。

本章将介绍几种常见的微课制作技术/工具的实际操作。如果你还不会，打开你的电脑或拿起手机，跟着我们一步一步地操作，相信你很快就能学会！

快来看看吧！

最常见的微课制作方法 —— PPT 转视频

陈　娟

"演示文稿"(常用软件是 Microsoft Powerpoint、WPS、Keynote)是人们日常办公经常使用的软件,也是职场人士交流沟通的神器。但是,如果没有配音、转制为视频,简报结束后只留下 PPT 文档,一些很重要的知识(如讲解)都无法有效地保留下来,是非常遗憾的,也可能给日后他人参考使用造成不便。为此,将 PPT 文档转换为视频,是对知识进行有效的整理、分享的主要方式,也是制作在线微课的基本方法。

将演示文稿转制为视频,有两种主要的途径:一是通过办公软件内置的功能,进行演示文稿录制或"另存为"视频格式文件;二是通过专门的录屏软件(如 Evercam 等)。

在本节中,我们将以 Microsoft Office 2013 为例来介绍相关操作,其他软件,如 WPS、Keynote,操作步骤类似,请读者自学。下一节将介绍如何通过 Evercam 软件进行演示文稿录制。

好了,让我们赶紧去看看怎么通过 Powerpoint 软件将文档、各种素材合成、转换成视频微课吧!

扫码听微课

概　　述

微软公司的经典产品 Microsoft Office 大家都比较熟悉,而且该软件 2010 以上版本都支持直接将 PPT 转换为视频格式,操作步骤也很简单,所以成为了许多培训师制作微课经常采用的方法。

同时,这些软件功能强大,如果运用纯熟,可以实现很棒的效果,制作出多种类型的微课。

准　备

1. 已完成的 PPT 文档(需 Microsoft Office 2010 以上版本,或 WPS Office,Keynote)。

2. 电脑内置麦克风,或音质较好的外置麦克风。

3. 相对安静无杂音的环境。

操作步骤[①]

1. 用 Microsoft PowerPoint 2013 版本打开已经做好的 PPT 文稿,切换到"幻灯片演示"选项卡,然后单击"录制幻灯片演示"右侧的下拉按键,选择"从头开始录制"。

2. 在弹出的"录制幻灯片演示"对话框中,可按默认系统设置,直接单击"开始录制"按钮,就可以边放映 PPT 边加入语音旁白进去,注意语音、语速和动画的协调。

第一项(幻灯片和动画计时)必选,而第二项(旁白、墨迹和激光笔),如果你需要录制一些手势(如在幻灯片上书写文字做注释)

[①] 注:本节以 Microsoft PowerPoint 2013 版本的操作为例,其他软件类似,不赘述。

图 7‑1　开始录制幻灯片演示

或者是录音,则选中,否则不选。

3. 此时,会进入到幻灯片放映状态,并且弹出"录制"工具栏,其中包含当前幻灯片放映时间以及幻灯片放映总时间,按下鼠标即可切换幻灯片。

录制工具栏上的几个按钮分别是:

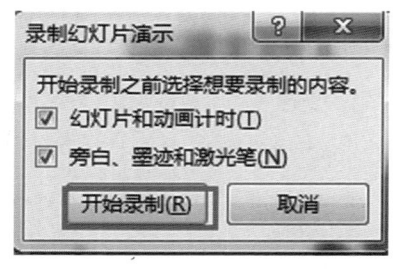

图 7‑2　录制幻灯片演示的选项设置

- 下一项:相当于鼠标单击,主要控制 PPT 的播放;
- 暂停录制:可暂停 PPT 的录制,点击后会出现继续录制按钮,点击继续录制可恢复录制;
- 重复:重新录制该页 PPT 的计时和旁白,如果当页录错,可使用该按钮重新录制,不影响之前已录好的计时和旁白。

图7-3 幻灯片录制状态及工具栏

4. 待整个PPT录制完成后,点击"文件",在弹出的菜单中选择"导出"命令,然后在右边的选项面板中单击"创建视频"选项,最后单击窗口最右边的第二个下拉框右侧的下拉按钮,选择"使用录制的计时和旁白",并单击"创建视频"按钮。

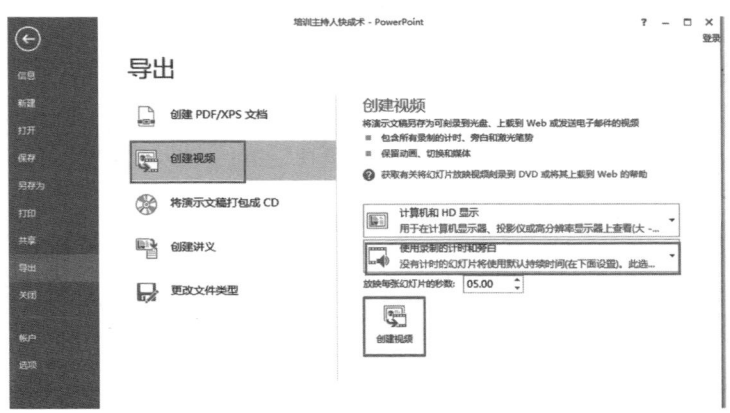

图7-4 从菜单栏选择创建视频

5. 此时会弹出一个"另存为"对话框,设置视频文件名称和路径,例如,可选择存放到桌面上,然后输入视频文件名称,单击"保存"按钮即可。

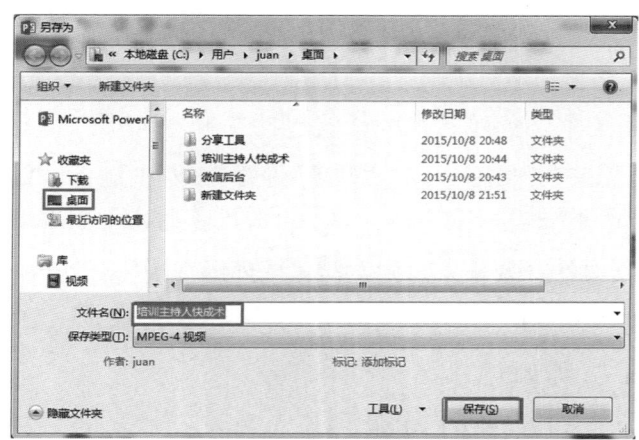

图 7-5　保存界面

6. 在保存的过程中,可以发现 PowerPoint 最下面的状态栏中显示出了录制视频的进度。

图 7-6　正在生成幻灯片演示视频

7. 耐心等待下方进度条走完，视频创建完成，桌面上会出现创建的视频图标，打开它便能直接播放，当然背景音乐也会跟随播放。

注意事项

1. 系统默认创建的视频格式包括".mp4"以及".wmv"，大家可以根据需要在"另存为"对话框的"保存类型"中进行设置。

2. 如果已经事先录制好了音频，可以在第2步开始前"插入"音频文件（包括背景音乐），并在播放选项中选中"自动开始播放"。

3. 最好对PPT内容比较熟悉，能够边播放边加入旁白，实现声音和图文、动画的协调。

4. 如果有某一页旁白录错了，不需要从头开始录制，可以将其清除后对该页单独录制旁白和计时，待每页PPT都录好之后再导出。

5. 在录制过程中难免会遇到卡壳、说错话，或者语音和动画不匹配的情况，为此，要有思想准备，可能会反复修改。但是，多练习几次，就会越来越熟练啦！

快速课件制作工具——EverCam

张启东

概　　述

EverCam（原为PowerCam）是演示文稿及屏幕录像软件，在不改变演示文稿PPT使用习惯的情况下，通过专利技术，提供PPT

录像与影音分享的强大功能（包括演讲者影像、声音、讲解画面、鼠标光标等），让您体会到前所未有的方便性与整合性。

Evercam 在台湾快速课件制作工具市场占有率超过 70%。

下载安装

1. 从下列网址下载安装文件：

http://www.powercam.cn

http://www.camdemy.com

注：该软件仅支持 Windows 操作系统和 MS Office 办公软件，包括 Windows XP/Win7/Win8，MicroSoft Office97/2003/2010/2013 等。

2. 下载后，根据提示直接安装即可。

在安装过程中，若部分电脑安装了杀毒软件，可能需要将安装软件加入白名单，或者根据提示允许软件执行。

正确安装后，桌面上会有一个 Evercam 主程序图标 ①，Microsoft PowerPoint 里有一个录制红点 ●|。

演示文稿录制（以 MS PowerPoint2010 版本为例）

1. 准备：确认电脑的麦克风可用，或者配置了外置麦克风。

---

① 注：Evercam 为所有用户提供 30 天的无限制使用体验，30 天后可购买授权（关注微信公众号：快微学习）或继续使用免费版。免费版不能导出，只能上传到简报录像分享网站 www.camdemy.com。

2. 点击 PowerPoint 菜单中的录制红点。

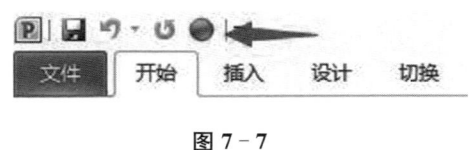

图 7-7

3. 按照常规 PPT 使用习惯，进行翻页讲解。

4. 可中途按 Esc 键退出，继续录制时从第 2 步开始，继续录制的内容保存在之前录制的后面。

5. 录制结束，点击菜单中的"预览"按钮，预览已录制的内容。

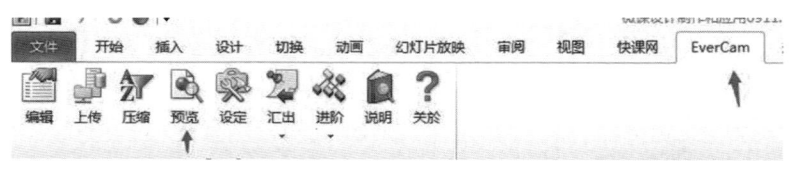

图 7-8

6. 检查确认录制内容符合要求后，再点击菜单中"汇出"（即导出）按钮，导出 mp4 或 mp3 格式。

图 7-9

在源 PPT 相同文件夹中，会自动生成一个与源 PPT 文件名相同的子文件夹，导出的文件都保存在此文件夹下，其中视频文件名为 media,可以直接打开播放。

7. 录制的工程文件保留在和源 PPT 文件相同文件下,文件名和源 PPT 文件名相同,后缀更改为:ecm,可以随时直接打开工程文件进行编辑操作。

8. 若局部录制错误或者某个页面需重录,不需马上重录,可后续重新补录需录制的部分,然后通过编辑进行删除和整合。

屏幕录制

1. 打开桌面上的主程序,提示"新增"或者"打开旧专案",选择后,屏幕上方会出现 Evercam 工具条,前方红色按钮是录制按钮,后面的黑色框显示已录制的章节和时间,点击麦克风图标后可以测试和调节麦克风,录像图标是指是否录制讲解者的影像(默认不录制,笔者也建议不录制),再后面是选择录制范围,是全屏录制还是部分录制,单击三角形图标后出现下拉菜单,有编辑、汇出等子菜单。

图 7 - 10

2. 选择录屏范围(默认全屏)后,点击红色录制按钮,即立即开始录制,同时红色按钮变为绿色方块。

图 7 - 11

3. 录制时,默认上方的工具条消失(后面会介绍通过设置,可以让工具条一直显示),当鼠标移动到屏幕正上方时,工具条重现,点击绿色框,即可停止录像;也可以直接按 F12 停止录像。

4. 录制期间需要分段,可以按 F9 直接分段或者移动鼠标到工具条,点击剪刀图标实现分段。

5. 录制完成后,点击三角图标,在出现的子菜单中选择预览、编辑或汇出。

图 7－12

编辑

1. 点击"编辑"按钮,即可启动编辑菜单。

图 7－13

- 点击"删除"按钮,可以删除不需要的章节;
- 点击"编辑"按钮,可以更改章节的名称;
- 通过"上移"或"下移"按钮,可以调整章节的位置;
- 通过"汇入讲解",可以实现将多个讲解合并;
- 如有误操作,可以通过"复原"按钮退回(如果操作结果已存储,则无法复原)。

2. 若需删除某个章节里部分内容,可先播放,然后在要切割的地方按"停止"按钮,并点击上方菜单的"分割段落"按钮实现切割,将 1 个章节变成 2 个。

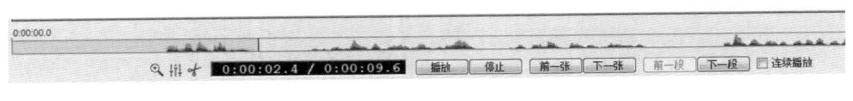

图 7-14

3. 点击"向上合并"按钮,可以将下方的章节合并到上方的章节。

4. 默认的鼠标显示为"铅笔"形状,可以在左下方菜单区设置为不显示,或者更改为自己选定的图片(gif 格式图片)。

图 7-15

5. 点击"进阶"菜单,可以进行音轨编辑、设置录音设备和变更解析度(建议解析度设置为 1024 * 768,这样即使小屏幕也可以清晰阅览)。

导出（汇出）

Evercam 8 支持汇出 mp4 和 mp3 两种通用格式，适合多种终端使用，也可汇出 Evercam 7 文件包，以便兼容低版本软件操作。

设置（设定）

设定的操作界面如下：

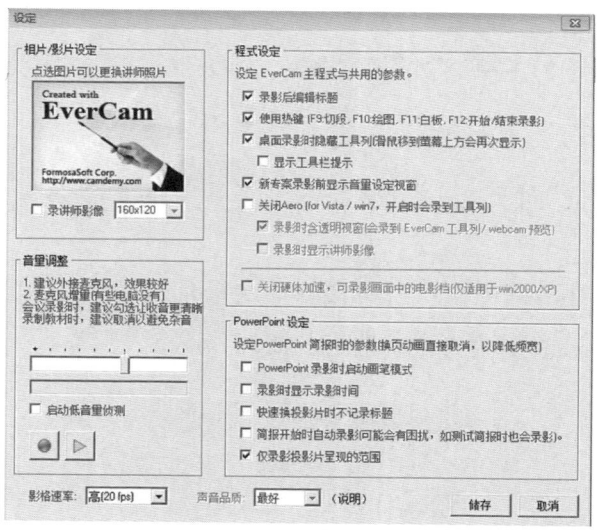

图 7-16

在设定的操作面板，可以测试麦克风，开启或关闭讲师影像录制，设定快捷键等。

补充说明

可以上 wei.kuaike.cn 上免费观看视频教程,或者用微信扫一扫下方二维码,手机上也可观看。

iPad 上的微课神器——Explain Everything

李 峰

扫码听微课

我是一名项目经理,正在负责一个专车项目,需要快速给上千名专车司机进行统一配车的上线培训,以帮助他们快速了解车辆操控。为此,我需要做一个简短的微课,提供一些实用有效的信息。

现在,我不需要将项目外包,甚至不需要公司信息部门的支持,只靠自己,就可以轻松搞定!

我不是一名专业的微课制作者,甚至连业余的也算不上,但我不需要照相机、摄像机,不需要麦克风,甚至连一台最普通的 PC 电脑也不需要。

此外,我还没有动用任何预算!

可是,我快速而优秀地完成了这个任务,我是怎么做的呢？

好了,告诉你答案:我用的是 iPad 上的微课神器——Explain Everything。

概　　述

Explain Everything 是一款非常简单易用的白板录屏工具,它具有多媒体白板的大多数功能,能录制白板上的图片、视频、笔迹等各类素材的演示过程,并能够方便地对录制的内容进行编辑,因此是一款非常简便的微课制作神器。

运用 Explain Everything 灵活多样的工具,你可以将它用作实时的白板演示工具,也可以用来快速设计制作微课视频。甚至,它能够插入一个网络浏览器页面,做实时的注释和讲解录音。

下载安装

1. 拿出你的 iPad(升级到 iOS 7 以上版本),并确保其至少留出 1G 以上的空间(以备存放微课素材和项目)。

2. 在 App Store 中搜索 Explain Everything,排在第一位的就是我们需要的微课工具。点击"获取"、"安装",在 iPad 上安装 Explain Everything① 这款软件(图 7 - 17)。

---

① 注:Explain Everything 是一款收费软件,但是与其强大的功能相比,其价格并不昂贵——仅仅十几元人民币,绝对是物超所值的。

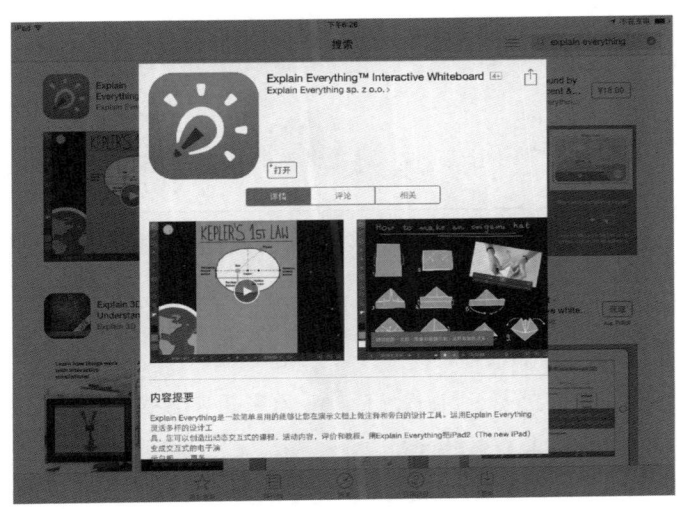

图 7‑17　下载安装 Explain Everything

3. 为了保证 Explain Everything 能够顺利运行,我们需要在 iPad 的"设置"选项里,确认其获得调用系统资源(包括相册、摄像头、麦克风)的权限(图 7‑18)。

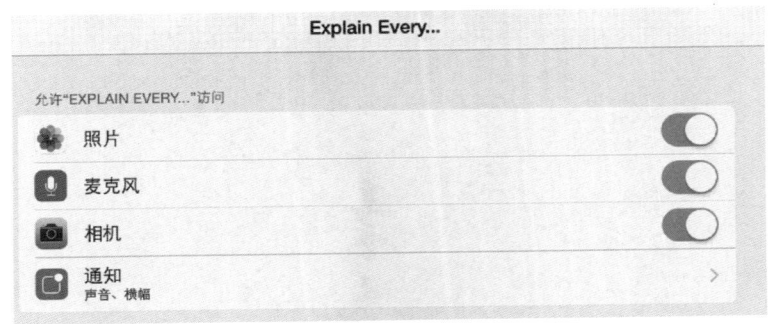

图 7‑18　设置系统权限

微课制作步骤

1. 制作素材：用 iPad 给车辆的整体及各个部分拍照，并拍摄视频讲解。

虽然我不是一名优秀的摄影者，但是我知道我需要什么；虽然 ipad 的摄像头不是单反相机，但是它提供了足够的分辨率和解析力，满足我对微课的需求。

此外，为了更直观地让学员了解到车辆的按键布局，我准备实时录制一段视频来讲解操控方法。为此，我举着 iPad，钻进车子里，从 Explain Everything 里打开视频录制功能，边拍摄边进行讲解。一开始，我担心车辆内部多变的光线会导致视频质量下降，但是 iPad 的摄像头是很给力的，没有让我失望。

2. 在 Explain Everything 中新建几个微课页面，将图片和视频有序地导入进去（图 7-19、7-20、7-21）。

图 7-19

这是 Explain Everything 中的页面管理界面,可以看到页面的缩略图排列在左下方,可以通过拖动来查看页面,以及对页面进行排序、复制、删除等操作。

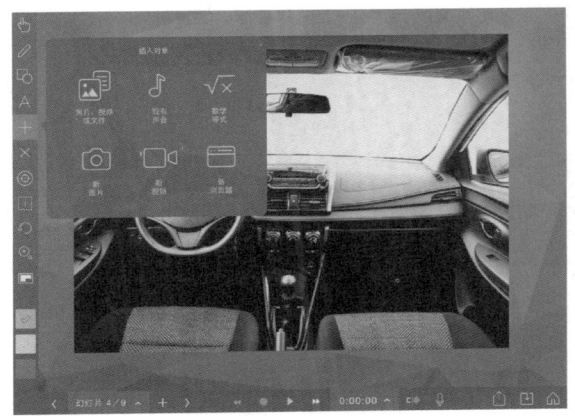

图 7 - 20

这是 Explain Everything 插入素材的界面。在这里可以插入图片、视频、数学公式,甚至能够插入实时拍摄的照片、视频。令人惊讶的是,我们还可以插入一个真正的浏览器,对网络资源进行浏览讲解。

图 7 - 21

Explain Everything 不仅可以从本地插入素材,还可以从不同的网络途径来获取素材,如 Evernote,oneDrive 等。

3. 接下来,我用 Explain Everything 的文字工具,输入了一些简短的标题和箭头(图 7-22、7-23),帮助我来解释一些车辆功能。

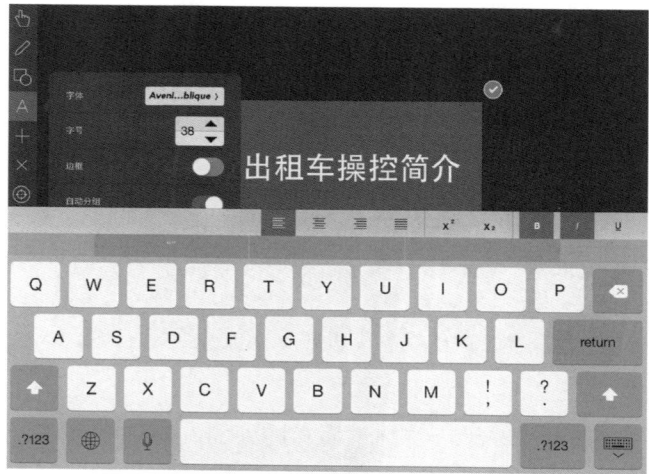

图 7-22

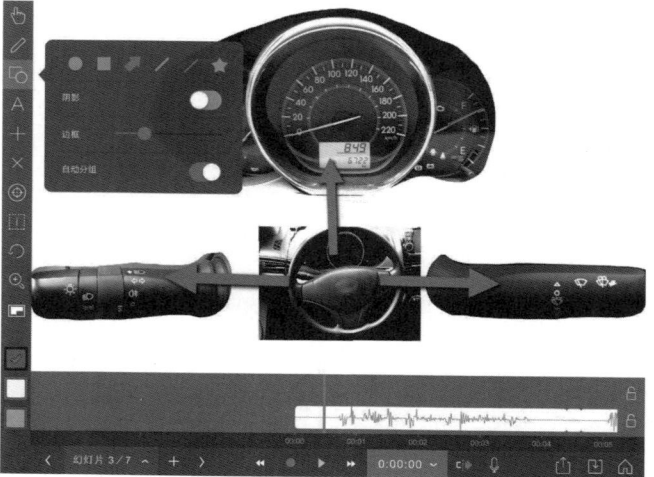

图 7-23

我不善于排版,但是在 ipad 上我只需要用手指就可以对图片、图形和文字进行缩放、移动,一切都尽在掌握,随心所欲。

这是 Explain Everything 的文字编辑界面,这个界面非常简洁,通过它能够设置文字的字号、字体、边框等格式。遗憾的是,截止撰稿时尚不支持特殊的中文字体(注:这和 iPad 的系统中缺乏一些特殊中文字体有关)。

这是 Explain Everything 的图形插入界面,其中可以插入包括箭头、线条、圆形等多种图形,还可对图形边框的粗细进行设置。

5. 让我最有信心的是,我对车辆非常熟悉,我能够很好地讲解它的操控与功能,我按下软件中的录制键,充满自信地进行讲解。同时,我借助 Explain Everything 的笔迹功能,在画面上进行圈画、书写,配合我的讲解(图 7-24、7-25)。

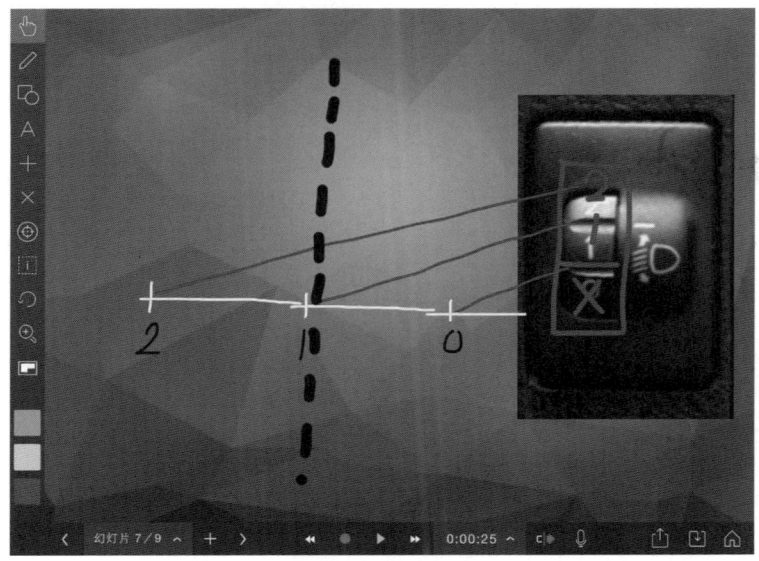

图 7-24

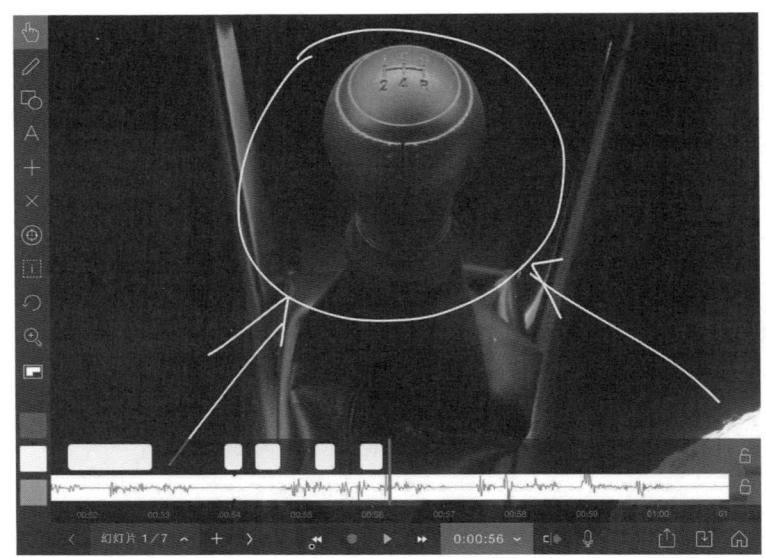

图 7-25

iPad 的触摸屏提供了很好的体验，即使我不使用电子笔，依然能够很流畅地操作。当然，如果你有电子触控笔，那就能够提供更加惊人的体验，就像你真的手里握了一支画笔一样。

Explaining Everything 的画笔功能非常简洁而强大，可以设置任意一种颜色，并在左下方提供了三种快捷颜色，方便随时更换画笔颜色。画笔有多种粗度可以调节，配合所支持的主动式电容笔，可模拟压力感应。相信 iPad pro 的原生画笔会提供更佳的体验。

录制时，画笔的笔迹轨迹会被记录下来，并在时间轴上有所体现。上方时间轴的色块表示了笔迹绘制的时间和颜色，而下方时间轴的波形则表示了录制的讲解音。

6. 配合我的讲解,我将画面上的图片、文字进行缩放、移动。这些动作,都变成了动画效果,太让人惊讶了。我从没想过,我能够制作如此复杂的动画效果,而且就在不经意之间,一切就轻松完成了(见图 7 - 26)。

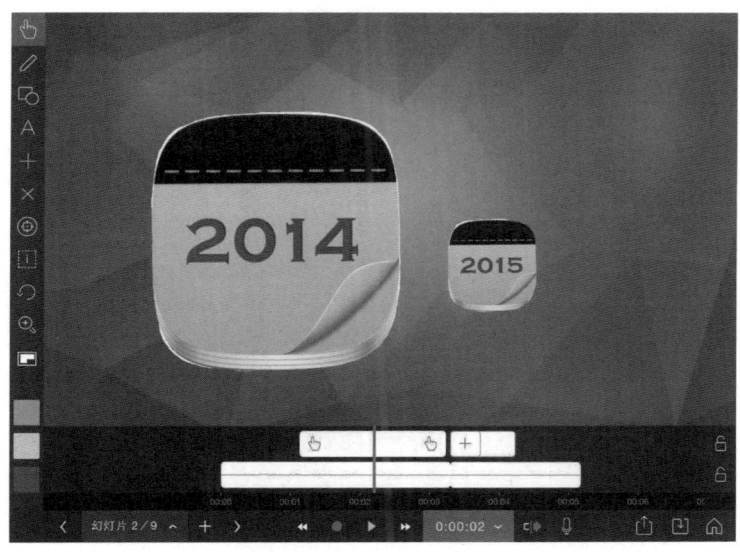

图 7 - 26

上方的时间轴上的白色条,表达了动画出现的时刻和长度,白色条上的图标则表达了不同的动画类型。

7. 我通过时间轴查看刚才录制的视频。我对视频编辑并不太熟悉,但是 Explain Everything 的时间轴非常简单明了,上面直观地记录了声音、笔迹和动画效果。我通过手指的滑动、触摸,轻松地完成诸如段落裁剪、动画平滑等剪辑操作(图 7 - 27、7 - 28)。

图 7–27

图 7–28

这是 Explain Everything 的剪辑界面，提供了分割、移动、删除、音频淡入等剪辑功能，虽然简单，但是足以应付日常的剪辑需求。

这是 Explain Everything 视频剪辑功能界面。当通过标识选中一段视频时，就会出现此界面，可以对视频片段进行拼接、删除、平滑动画等操作。

8. 完成后，我轻松地将其导出成视频（图 7 - 29）。我直接将其上传到公司的网盘上。很快，我就会得到其他人的反馈。一旦通过验收，它将会快速地发布到公司的微课平台上，供受训者通过手机、iPad 或者电脑来观看学习。

图 7 - 29

这是 Explain Everything 的导出界面，可以将微课导出成视频、PDF 文档或者图片。通过后期处理，文档或图片还可以快速转换成图文教程。同时，可快速上传至优酷、Evernote 等网络空间。

至此，我顺利完成了微课制作的任务。Explain Everything 带给我极佳的制作体验，其便捷性令人印象深刻。

小结：Explain Everything 的优势

我认为 Explain Everything 在制作微课方面，有以下四方面优势：

☐ 简易性：谁有知识，谁就是微课作者

Explain Everything 操作非常简单，谁拥有知识、谁创造想法、谁生产信息，谁就能成为知识的生产者。

☐ 即时性：一有想法，马上就可以制作

因为 iPad 的便携性和强大的多媒体处理功能，无需额外的设备，一旦你有了一个想法，拿出 iPad，就能随时随地立刻开始制作微课。

☐ 便利性：触屏功能，让互动轻松搞定

微课中的内容编排、动画设计，一直以来都是阻碍非专业人士进行微课制作的难题，而 Explain Everything 充分发挥了 iPad 触摸操作的便利性，仅仅通过手指的拖动，就可以完成这些任务，让制作微课不再难！

☐ 高质量：轻松搞定，视频和图片素材

微课制作过程必然会涉及图片和视频素材的获取、编辑，而拍

照和摄像是最直接的方式。在过去，这两项工作一般都是专业性很强的工作，但现在，通过 iPad 高质量的摄像头和麦克风，以及 Explain Everything 简单易用的操作，可以实时插入拍摄的图片和视频，可以轻松搞定。

互动式微课制作利器 —— Articulate 课件开发工具

何佳瑾

概　　述

目前常见的微课大多是纯图文、纯图文＋动画＋背景音乐、视频形式。其实，微课也可以制作为互动式的，让学员不仅观看，更可以进行互动参与，不仅有利于理解和吸收微课内容，还可以增强学习兴趣。

互动式微课制作过程并不复杂，通过在国际上屡获金奖的快速课件开发工具 Articulate，能够轻松制作出这类互动式微课。其操作过程简单，类似 PPT，普通专兼职老师一两天就能够学会。其呈现形式丰富，能轻松实现各种交互，达到更高层次的教学目标。

目前，Articulate 旗下有两款软件：Articulate ® Studio，Articulate ® Storyline。

Articulate 课件，可以直接发布为 HTML5 格式，也同时可以发布为网络 Flash 格式、iPad 或安卓平板格式、学习管理平台 AICC/SCORM/TinCan 格式。

Articulate 适合制作的互动类微课形式主要包括：

☐ 情景模拟互动式微课

通过 Articulate ® Storyline，或者通过 Articulate ® Studio 套装软件中的 Quizmaker，可以轻松制作出此类微课。

☐ IT 软件操作互动式微课

通过 Articulate ® Storyline，对于电脑桌面的软件操作，除了可生成常规的录屏形式，还可以将录屏自动拆分成一页页截图或一个个分解动作，让学员用不同的方式（浏览、尝试、测试）进行软件模拟操作，大大提升学习效率，并节省大量的制作时间和成本。

下载安装

Articulate 软件有 30 天免费试用版，具备全功能。

1. 访问下列网站，下载安装文件：
- http://training.afii.com.cn/articulate/studio13.zip
- http://training.afii.com.cn/articulate/storyline-2.zip

2. 按照提示完成软件安装。

扫码听微课

用 Storyline 制作情景模拟互动式微课

下面，我们将介绍如何在 Storyline 中制作一门情景模拟互动型微课：大堂揽客的技巧。

第7章 微课制作：工具实操

1. 添加内容：背景图、两个供选择的文本框（与 PPT 相同）

图 7-30　添加内容

2. 添加分层：正确反馈（幻灯片图层 — 新建图层，添加正确反馈的文本框）

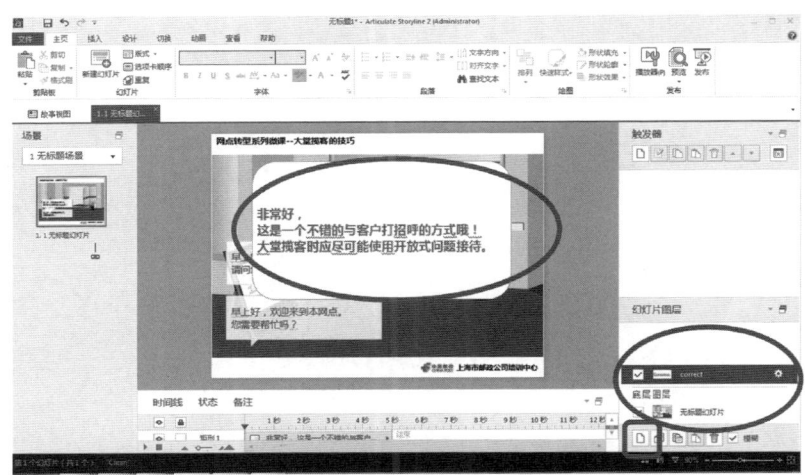

图 7-31　添加正确反馈

3．添加分层：错误反馈（幻灯片图层—新建图层，添加错误反馈的文本框）

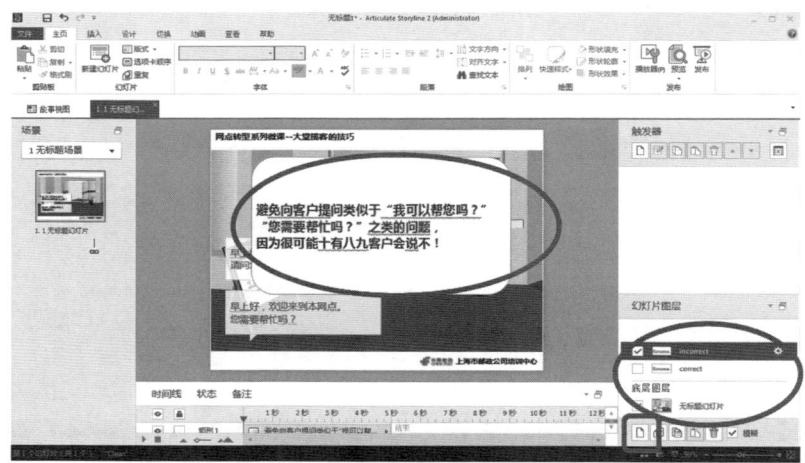

图7-32 添加错误反馈

4．添加互动

（1）选择要添加互动的对象——第一个文本框，点击触发器的"新建"按钮。

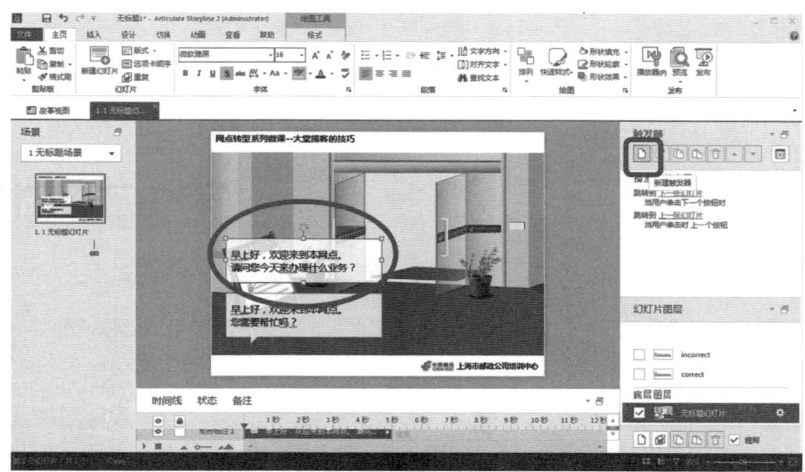

图7-33 为第一个选项添加触发器

（2）在弹出的"触发器向导"对话框，设置互动：当用户点击时，显示"正确"图层。

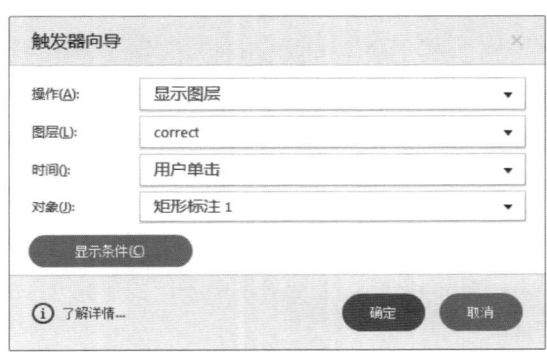

图 7-34 为第一个选项设置触发器

（3）以此类推，为第二个选项设置互动：当用户点击时，显示"错误"图层。

制作过程完成。

怎么样？看上去很"高、大、上"的情景模拟互动式课程，就这样轻松搞定！

样例名称：大堂揽客的技巧

样例提供者：上海邮政

样例制作者：周雯婕

浏览本样例，请点击二维码

小　　结

作为世界级专业课件制作工具，Articulate 系列套装软件具有强大的功能，可以实现很多功能，甚至可以用"只有想不到，没有做不到"来形容。例如通过点击或拖拽，能实现各种不同类型的热区互动；还可以在视频上添加一些字幕或标注；或者实现互动式滑块功能。不仅能录屏，还可以快速灵活地制作画中画、字幕等效果。

如果大家想成为专业课程开发/制作人员，通过持续的学习与练习，Articulate 系列软件可能会成为你的"杀手锏"！

H5 微课制作工具 —— 炫课

娄志强

概　　述

扫码听微课

炫课由专门服务于微课制作的云学堂·炫页网出品，能帮助微课设计者轻松、低成本地制作出高交互、炫动画、跨平台浏览和学习的 HTML5 微课，包括基础版和专业版两个课件设计工具：

■ 基础版：一个简单、快捷的图音微课设计工具。它能轻松地为 PPT、图片配上背景音乐或语音讲解，快速地进行知识传播，非常适合以静态图文的形式来展示企业内部制度、标准和规范等知识，满足快速，低成本微课制作需求。

■ 专业版：一款专业的 HTML5 微课程设计工具。它能让您把图文、音视频轻松地结合在一起,并辅以炫酷动画、人机交互,来制作出易传播、跨平台浏览和学习的微课程。这个工具适合有一定课件设计基础或PPT基础的用户使用。

下载安装

1. 从官方网站下载安装文件:http://www.xuanyes.com
2. 按提示下载和安装炫课。

操作步骤

下面,我们以一个实例,教你使用炫课·基础版来制作一个简单的图音微课。

图 7-35 主界面

1. 准备一个设计完成的 PPT 文档。
2. 打开和启动"炫课·基础版"。

3. 导入 PPT。

点击菜单中的"导入 PPT"按钮(图 7 - 36)。

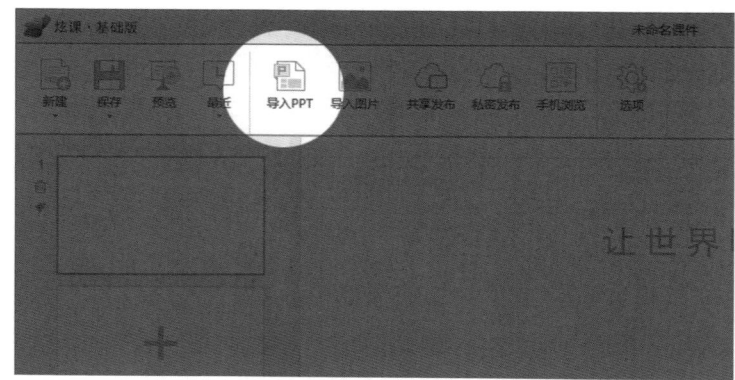

图 7 - 36　导入 PPT

选择自己电脑上的 PPT 文件,完成导入操作。导入成功后,炫课中的相关场景图片就能看到了(如图 7 - 37):

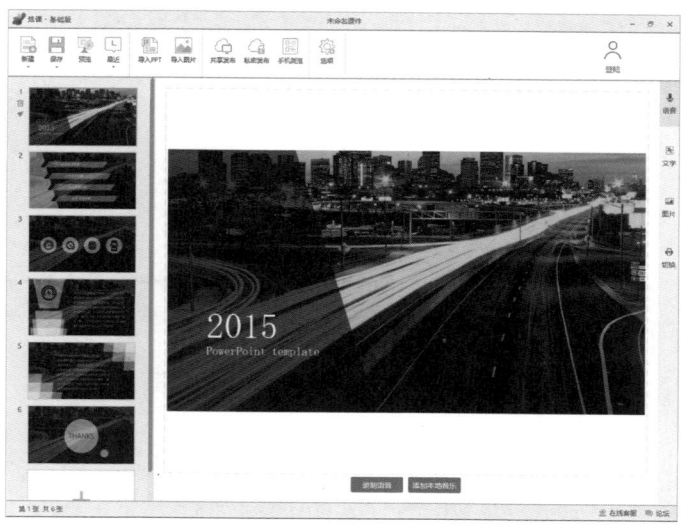

图 7 - 37　插入 PPT 后的效果

4. 为每个场景页添加语音讲解

为了让学习者能简单有效地理解你课程的内容,可以针对每个场景内容加入相应的讲解语音。

(1) 点击右侧的"语音"按钮,进入操作界面(包含录制语音、添加本地音乐/语音按钮)。

(2) 点击"录制语音"按钮,进行现场录音。如果你希望得到高质量的语音效果,建议使用专业的麦克风单独录制,剪辑后,再使用"添加本地音乐/语音"按钮,插入到对应的内容场景中。

图 7-38 录音按钮

(3) 录制完成后,在左侧的场景缩略图列表中,能看到一个语音播放的按钮(如图 7-39 所示):

图 7-39 录制语音完成

5. 预览作品

点击工具条上的"预览"按钮,系统将自动调出本地计算机已安装的 HTML5 浏览器(推荐 360 极速、Chrome 浏览器),进行作品的预览。下图为浏览效果:

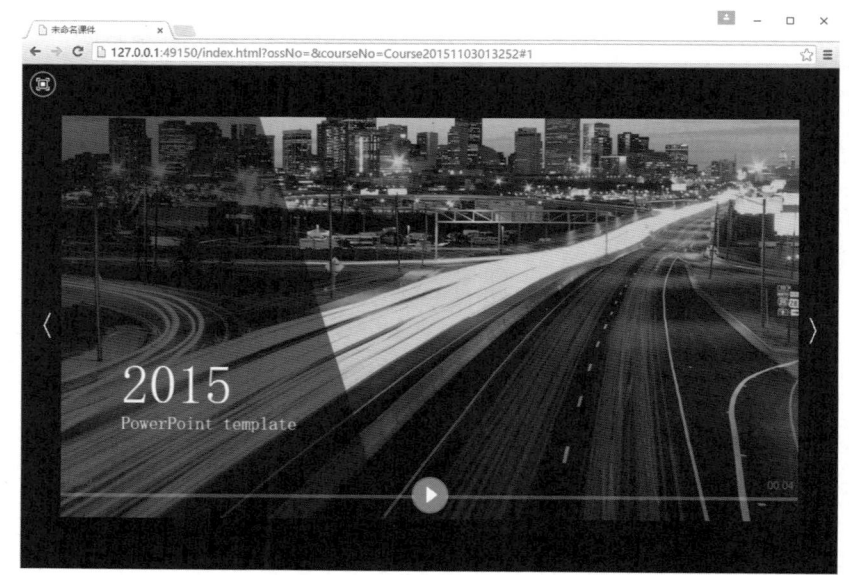

图 7-40　预览作品效果

6. 通过手机微信进行作品浏览

炫课基础版和专业版制作的所有课程均能在手机(iOS、Android)上播放。在使用手机播放之前,需要发布到网络上。

(1) 共享发布。点击工具条上"共享发布"按钮,系统会提示进行登录,并完成作品的发布操作。

(2) 完成共享发布后,用手机扫描提示界面上的二维码,或点击工具条上的"手机浏览"来获取二维码,进行扫描、预览。

图 7－41　进行发布

至此，一个简单的图文加语音的微课就做好了。快发到朋友圈分享一下吧！

注意事项

■ 要导入 PPT，你的电脑需安装了 Microsoft PowerPoint 2010 及以后的版本，目前不支持 WPS 制作的幻灯片文件的导入。

■ 如果 PPT 是横版的，在手机浏览时建议横向浏览。

■ 共享发布前，需注册成为炫页网的用户。

■ 如果需要导出 SCORM 格式的课件包，供本地计算机离线播放，或导入到企业 LMS 中，则使用"保存"功能。

■ 炫课工具可应用到下列场景中：专业级多媒体课件开发、各类活动的宣传和报名、工作月度报告和周报、产品/业务的多媒体培训材料、企业招聘简章、企业/品牌故事的展示、客户案例故事的开发和展示、工作流程或制度培训、公司管理制度宣传、公司战略或文化宣导、工作技能培训。

- 炫页网官方网站上,有大量的微课程案例和图文教程,对于初学者了解工具使用以及微课制作会有很大帮助,还可获得技术支持。

第8章 微课制作：进阶技巧

本章要点

📶 微课开发常见的误区有8种：纯文本呈现、"干讲"、三分屏、内容杂乱、时间太长、内容太多、华而不实、形式不当。要想规避上述误区，需要明确微课选题、精心筛选内容、进行微课设计，并选择恰当的形式。

📶 本章介绍了微课制作的5种进阶技巧：如何给微课起名、PPT页面布局与优化、色彩搭配、录制微课、配音。

小心！微课开发的 8 个误区

邱昭良　　刘宁

现在微课很热，大家都在做微课。但在微课开发中，存在着一些误区。常见的有以下 8 种：

扫码听微课

☐ 纯文本呈现

不仅仅是在微课中，很多讲师在传统的授课中，也习惯把所有要讲的文字都堆到 PPT 上，上课时"念"PPT。这种教学方式的效果非常差。不仅因为同时"看"和"听"同样的文字会给学习者造成信息"冗余"，令人生厌，而且大量的文字内容也不适合用手机学习。如果你觉得要讲清楚"微课"中的内容确实需要大量的文字，那么，你可能需要重新审视自己的选题，看看这个内容是否适合用微课形式来呈现，或者将其拆分为若干门微课。每一门微课都要保持简单、精练。

☐ 干讲

什么是"干讲"？一方面是说，在微课中只有一个老师在讲，甚至连字幕也没有，画面缺乏变化，容易造成视觉疲劳，很难吸引学习者的注意力；另一方面，授课内容枯燥，只是干讲道理，缺乏生动的案例和形象化的表述,不能使学习者与所讲内容建立联系。想想看,如果你做的微课内容枯燥、表现形式呆板,谁愿意看下去呢?

三分屏

三分屏是传统网络教育中最为常见的模式,就是把电脑屏幕分为三部分:一部分显示老师的视频,另一部分显示 PPT,还有一部分是提纲或互动界面。但是,在微课中,切忌将三分屏直接转换格式"搬"到手机上,因为手机和 PC 有着很大差别。照搬"三分屏"的结果是,画面"惨不忍睹",有些地方根本看不清,会使学习者失去学习的兴趣。

内容杂乱

由于每一门微课只有 3～5 分钟的时间,因此要保持简洁,在一门微课中,只能围绕一个知识点、技能点或问题点进行设计。所选内容应该围绕一条主线,且有清晰的结构来呈现,这样才能达到有效的教学效果。如果内容杂乱无章,只能被人抛弃。

时间太长

注意力曲线研究表明,人的注意力在 10 分钟内将降到最低点。据此,各类对微课的定义,都将时间控制在 10 分钟以内。而实践表明,3 分钟左右的微课更容易吸引学习者注意,超过 5 分钟的微课则需要更为精彩的内容和设计才能有效地吸引学习者。

内容太多

在有效的注意力时间内,传递过多的学习内容,只能适得其反。如果要传递的内容确实很多，可以通过系列微课的方式，组成"微课程"供学习者学习。记住：千万不要企图将所有内容都"塞"到一门微课中。

☐ 华而不实

虽然说有趣的微课更容易吸引学习者，但如果太过于注重形式而忽略了内容的有效性，也失去了"课"的价值。既然是"课"，就需要有明确的学习目标，这也是微课区别于其他微视频的根本特征。

☐ 形式不当

不同的内容应该有不同的呈现形式。例如，简单步骤操作类微课，可以用图文并茂的流程图来表达，而一些用文字描述很困难的技能或操作，则可以选用视频；解释原理，可考虑动画的形式，等等。如果选择不当，不仅令人费解，也可能南辕北辙。因此，对于适合用微课形式学习的内容，要根据学员对象、学习内部和目标以及具体情景，选择不同的表达、呈现方式。

总之，在微课开发中，我们需要避免落入这些误区！

之所以陷入上述八个误区，有些是因为选题、设计不当所致，有些则与制作有关。要想规避上述八个误区，建议做到：

第一，明确微课的选题，看看是否可以用微课的方式达成学习目标；

第二，明确学习对象和学习场景，精心筛选内容，只讲"干货"；

第三，精心进行微课的设计，使其简单、明确、短小、有趣；

第四，选择恰当的表现形式。

在本章中，我们会针对上述误区，为大家分享一些实践中的做法与技巧。

让你的微课一"名"惊人 —— 如何给你的微课起名

李家强

作为云学堂杯中国企业微课大赛的天使评委，我观看（其实也是学习）了 200 多门参赛微课作品。

这些作品可以说涵盖了目前国内各种的微课形式，也颇能代表目前微课的开发和制作水平。同时，我注意到参赛作品当中还包括对微课开发具有指导作用的"微课知识全知道系列课程"，涉及微课的选题、内容开发、教学设计、呈现形式以及制作工具等诸多方面。

有一点我想补充的是，微课确定好选题后，取什么样的课程名称也应是开发和设计者必须精心投入的一个重要环节。

扫码听微课

课程名称的基本要求：清楚

培训的目的是要改变或提升学员某方面的态度、知识和技能，从而有助于组织或个人某方面目标的达成。但凡有影响力的培训课程，如：高效能人士的七个习惯、领越领导力、情境领导、六项思考帽，等等，你从课程名称就基本能够了解该课程要讲什么内容，或是要改变或提升态度、知识和技能中的哪一方面，这是培训课程名称应该符合的最基本的标准。微课形式虽新，但仍属于企业培训的一种手段,所以,其课程名称也应符合这样的基本标准。

对照这一基本标准,让我们来看看本次微课大赛参赛作品的课程名称质量如何?

我从200多门参赛作品当中选取了20个较有典型意义的课程名称,如表8-1:

表8-1 对企业微课大赛部分选题的评价

微课课程名称	是否合格	理由
1. 什么是5S?	√	看得出是知识培训
2. 庖丁解牛——巧用几何图形绘制服装款式图	√	看得出是技能培训
3. 夫妻间那点儿事		不清楚培训什么
4. 职场达人的七大工作方式		培训知识(微课的时间限制很难培训七个技能)
5. 舌尖上的微课		不清楚培训什么
6. 大毛自述		不清楚培训什么
7. 提取的价值		"提取"的概念不清
8. 简单三招,轻松识破电话诈骗	√	技能培训
9. 中国式看见		不清楚培训什么
10. 安全乘梯须知	√	技能培训
11. 别把自己看得太重	√	态度培训
12. SPIN提问技巧	√	技能培训
13. 失落的一角遇到大圆满		不清楚培训什么
14. 两分钟带你解读O2O	√	知识培训
15. 爱护牙齿,从小做起		培训态度、知识还是技能,或全包括,不清楚

续　表

微课课程名称	是否合格	理由
16. 你要怎么表现才能 Hold 住全场？	✓	技能培训
17. 互联网新时代到来		不清楚培训什么
18. 前方熊孩纸出没		不清楚培训什么
19. 骆驼之死的启示		不清楚培训什么
20. ORID 在培训中的妙用	✓	技能培训

☐ **解决对策建议：明确或加副标题**

课程名称可以炫酷一些，如：舌尖上的微课、前方熊孩子出没，但应把课程到底要讲什么说清楚，比如可以通过加副标题来实现。在观看这两个微课的过程中，我才明白前者其实是用做菜比喻微课的开发和制作过程，而后者是提醒暑期儿童安全的注意事项。如果在这两个别出心裁的课程名称下分别加上副标题，如：舌尖上的微课——如何烹制微课这道菜、前方熊孩子出没——暑期儿童安全指南，那么这两个微课的课程名称含义就清楚了。

给微课取名的三种方法

确定课程名称常用的方法主要有以下三种：

☐ **内容归纳法**

可将培训内容提炼后的主题作为课程名称，如上面例子当中提到的：

- 职场达人的七大工作方式

- 安全乘梯须知
- SPIN 提问技巧
- 两分钟带你解读 O2O
- ORID 在培训中的妙用

前面提到的"高效能人士的七个习惯"等经典课程的名称，都属于用内容归纳法确定的课程名称。

☐ 目标结论法

可将培训要达成的效果和结论作为课程名称，如上面例子当中提到的：

- 庖丁解牛——巧用几何图形绘制服装款式图
- 简单三招，轻松识破电话诈骗
- 别把自己看得太重

☐ 提问聚焦法

将培训要回答或解决的问题作为课程名称，如上面例子当中的：

- 什么是 5S？
- 你要怎么表现才能 Hold 住全场？

培训课程名称，就像一个人的脸面，在这上多花些心思，给你的微课增添颜值，是不是值得，你懂的！

PPT 页面布局与优化

邱 阳

扫码听微课

熟练掌握 PPT 的进阶操作和设计应用,已经成为培训师的必备技能之一。作为培训师的重要工具和课程内容的载体,PPT 在培训中作用不言而喻。随着微课的兴起,PPT 在微课程的设计制作中也越来越重要。但是,我们在工作中经常看到许多缺乏设计、制作不良的 PPT 作品,页面内容的呈现效果可以说是惨不忍睹,这样开发出来的微课也难以让人有好的学习体验。所以说,要想做出高质量的录屏式微课,必须掌握 PPT 的设计原则和优化技巧。

除了录屏式微课之外,HTML5 类微课也是常见的微课形式之一,而且越来越受到培训师的喜爱。许多 HTML5 类微课制作工具的操作界面和功能模块都与 PPT 十分相似。如果你掌握了 PPT 页面设计与优化的技巧,不仅有利于课程内容的呈现,而且可以帮助我们更好更快地完成微课的设计制作。

PPT 页面设计的两大特点

在与学员沟通的过程中,经常有人提到一个问题:"PPT 做完之后总感觉不太理想,应该如何优化呢?"

通过对大量学员课件的诊断分析之后,我认为原因在于多数学员在做 PPT 的过程中常常是"跟着感觉走",做到哪算哪,缺少制作前的构思和对页面布局的关注和思考。

所谓页面布局,是指页面元素(文字、图形、图片等)在 PPT 页面中的具体位置和表现形式。一般地,页面布局要考虑下列两个方面:

☐ **划分标题栏和内容栏**

在设计 PPT 时,有一个经验法则,即一个页面表达一个观点。据此,我们可以用线条或图形,将页面分为标题栏和内容栏两个部分,标题开宗明义地给受众传递主题信息,内容则是对主题信息的论证说明。这是页面布局最基本和最常用的表现形式。

☐ **页面元素模块化**

好的页面布局应该让人"秒懂",对内容有哪些部分一览无遗,且了解不同部分之间的关联关系。因此,内容栏中的元素应该以模块化的形式呈现,使所有页面内容构成一个整体,而其中的每一个部分都可以独立成为一个小的模块。在此,让我们看一看阿里巴巴上市路演 PPT 的一个例子(如图 8-1)。

图 8-1　阿里巴巴上市路演 PPT

在上述页面中，它用最直观的方式（三个半圆）将复杂的业务/品牌关系进行了呈现；最小的半圆是对阿里巴巴品牌的精要概括，即卖家和买家的关系；中间的弧形部分是阿里巴巴自营的电商品牌；外部弧形的左侧是与电商相关的金融品牌，右侧是阿里巴巴集团投资的外部电商品牌。

整个页面的内容分为标题和内容两个部分，内容部分又分为三个层级，简洁明了，重点突出，这是页面元素模块化的集中体现。

受微课的时间限制和移动互联时代的特点影响，学习者的注意力集中时间比以往缩短了很多，因此我们在设计微课时，页面布局就必须尽可能地清晰、简洁，让人一目了然。要想做到这一点，关注页面元素的模块化呈现，是你值得参考的策略。

常见的页面版式

在明白了页面布局的两大特点之后，又有学员提出了新的问题："PPT的页面布局有没有一定的规律呢？能不能总结出一些常用的版式？"

对于这个问题，要从两个方面来分析。

□ **文字版式**

以下这个页面（图8-2）是PPT自带的文字版式，我们在新建幻灯片的时候都会看到或用到这个版式。

从这些版式中，我们可以看到：页面都被分成了标题栏和内容

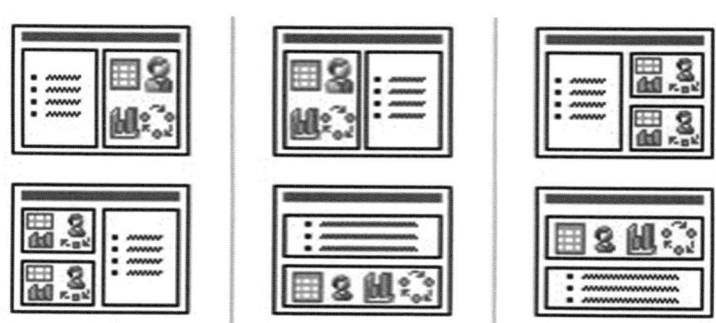

图 8-2　PPT 默认文字版式

栏两个部分,同时内容部分都是以模块化(1~3个)的形式出现。

在制作 PPT 的过程中,大家可以从菜单栏"开始—新建幻灯片"中,选择适合自己要表现的主题内容自带版式,也可以将自己常用的版式保存在这里,以便于后期提取使用。

通过实践和观察,我对 PPT 自带的文字版式进行了一些修改,总结出下列自定义版式(图8-3)。

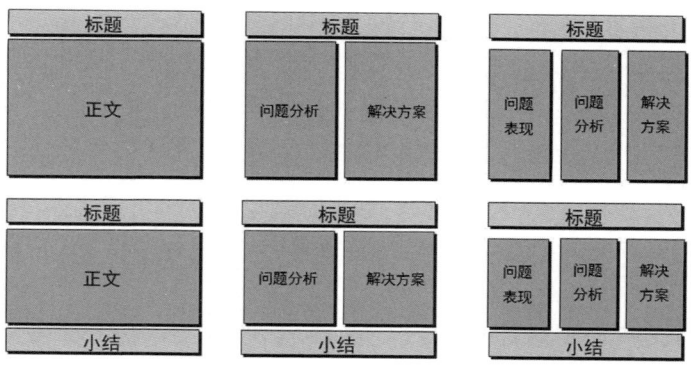

图 8-3　改善之后的文字版式

如上图所示,上述版式一方面突出了标题与内容之间的关系,另一方面也考虑到了内容之间的逻辑关系(如发现问题 — 分析问题 — 解决问题),并且用恰当的图示形式表现出来。

当然,你也可以发挥创造力,做出更好的版式。

□ 图文版式

图 8-4 是 PPT 自带的图文版式,我们在新建幻灯片时也会看到或用到这个版式。这些版式同样遵循了"标题与内容分开"、"内容以模块化方式呈现"两个原则。

图 8-4　PPT 自带的图文版式

我们可以通过"视图 — 幻灯片母版 — 版式设置",对自己常用的图文版式进行设置,并保存在"开始 — 新建幻灯片"中。经过一段时间的积累,你就能建立和完善自己的版式库(如图 8-5),以备后续使用。

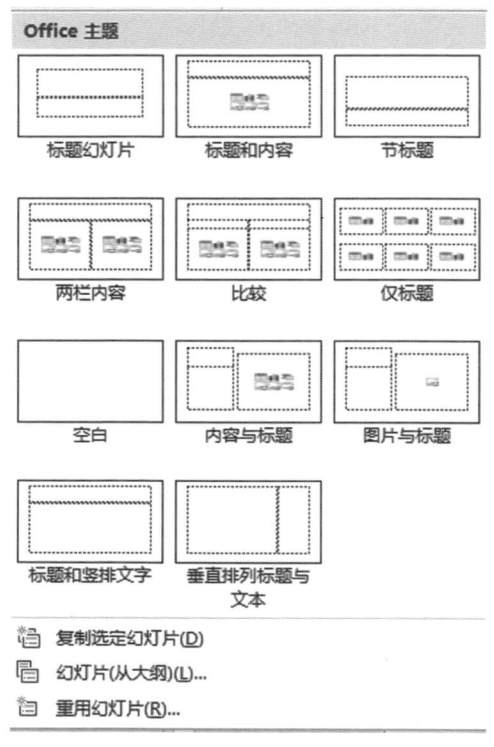

图 8-5 自建版式库

PPT 的优化

在培训圈曾流行过一句话:"好课程是打磨出来的。"其实,好的 PPT 也是如此,需要不断优化和完善。我经常会有这样的感觉:前几天做好的 PPT,隔几天再看,会发现有很多需要修改和润色之处。

那么,到底如何优化 PPT 呢?

让我们用一个案例来说明。这是某公司新员工培训的一套PPT。我们先看看封面(图8-6)：

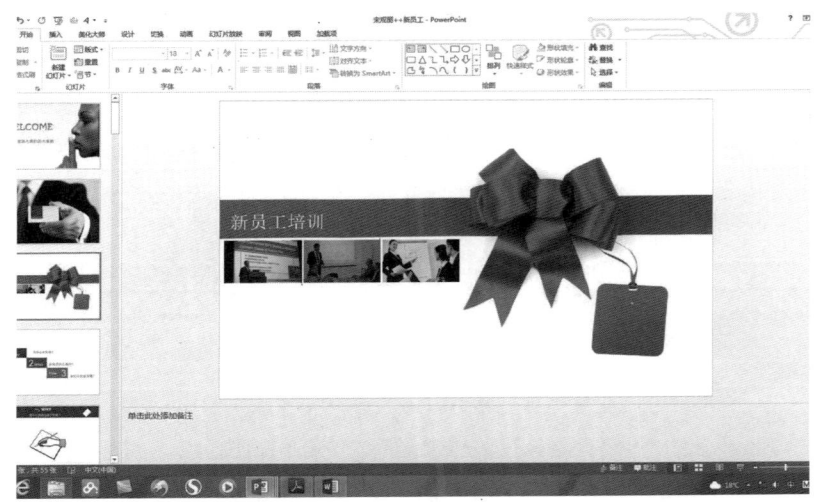

图8-6　新员工培训封面(优化前)

不难发现,优化前的封面(图8-6)有三个问题：(1)重点不够突出,不仔细看不知道这是一个什么PPT；(2)标题字号太小、字体不醒目；(3)红色的花朵图片与主题没有直接关联,且与灰色图片不协调。

基于这几点,我们对原封面进行了优化：(1)寻找与主题相关的图片,替换原图片；(2)在图片中间添加色块,以呈现标题和内容；(3)在色块的上下方添加线条,并进行柔化边缘的效果处理,增强立体感；(4)采用主副标题,并用不同颜色加以区分。具体呈现形式如下(图8-7)：

图8-7 新员工培训封面(优化后)

对比可知,优化之后的页面元素有所变化,色彩、图片、文字都进行了调整,还增加了线条等元素,更加相关、简洁、醒目。

一般来说,页面的基本元素分为具象元素和抽象元素两大类(如图8-8),前者包括文字、图形、图片,后者包括点、线、面。

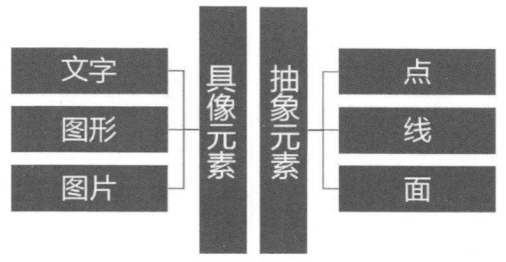

图8-8 页面基本元素

下面,让我们分别简单地谈谈如何对这些元素进行优化。

□ **文字的优化**

对文字,有五种优化方法:

(1) 突出重点法

通过改变重点文字的字体、字号,起到突出和强调的作用(如图8-9):

图8-9 突出重点文字实例

(2) 字符/符号使用法

可以用字符或符号来替换重要文字的部分内容,以提升文字表现的形象化和冲击力(如图8-10):

图8-10 用字符/符号替代文字内容

(3) 图形修饰法

可利用各种图形或图形组合来突出重要内容,以优化内容的呈现形式(如图8-11):

图8-11 利用图形修饰来优化文字表现

（4）线条修饰法

可借助线条的分割、引导、修饰作用，来优化页面内容的表现形式（如图8-12）：

图8-12 利用线条来修饰文字

（5）文字转化法

利用选择性粘贴功能，将文字转化为图片，借助颜色实现色彩的突出（图8-13）：

图8-13 将文字转化为双色图片

▢ 图形的优化

虽然PPT的插入形状功能给我们提供了很多图形，但在实际运用过程中我们发现，仅仅插入基本形状是不够的。要想取得更好的效果，就需要在此基础上对图形进行优化处理，主要有三种方法：

（1）合并形状法

在PPT制作过程中，我们有时会遇到很多想象中的图形无法在插入形状里面找到的情况。要解决这个问题,在 Microsoft Office系列软件中,可以利用合并形状来实现。常见的合并方式包括联合、组合、拆分、相交和剪除等,一些效果如图8-14:

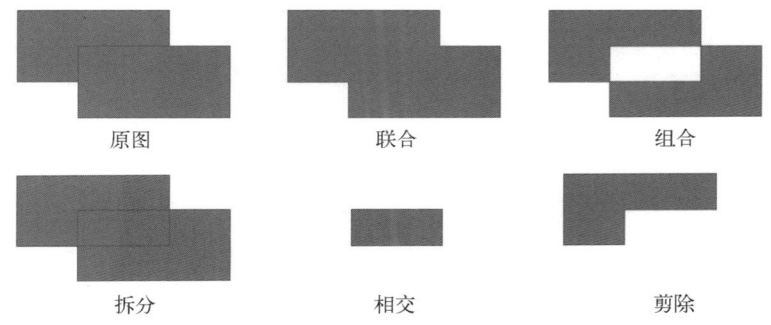

图8-14 常见的合并形状类别

掌握了合并形状的方法后,我们可以快速制作出如图8-15所示的神奇效果。毫不夸张地说:"只有想不到,没有做不到。"

图8-15 利用合并形状来制作复杂图形的效果示例

(2) 组合图形法

如果让你在 PPT 的页面中表现手机这个内容,你会怎么处理?

相信很多朋友都会说:这很简单,直接上百度找相关的图片就可以了。这当然是一种方法,但直接粘贴图片有可能涉及版权问题。对此,我们可以用图形组合的方式来表现以上内容,具体形式见图 8-16:

图 8-16　利用图形组合绘制的苹果手机

仔细观察你会发现,图 8-16 都是利用各种基本图形组合而成,得到的效果甚至比你从网上搜索到的图片还要生动、清晰。在此基础上,我们还可以添加相关的动画,让页面内容"动起来"。

(3) 编辑顶点法

对于已有的形状,我们可以在其原有的基础上进行微小改动,从而实现图形的大变身。具体用到的就是 Office 软件中编辑顶点的功能,效果见图 8-17:

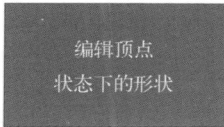

图 8-17　利用顶点编辑功能实现的图形"变身"

图片的优化

图片是制作 PPT 和 H5 类型的微课必不可少的元素。对于图片的处理，常见的操作有以下几种：

（1）裁剪

在 PPT 页面中选中任意一张图片，即可在"图片工具—格式"中找到"裁剪为任意形状"的功能，我们只需选择相应的图形，图片就会被裁剪为各种形状或比例，如图 8-18 所示。

图 8-18　通过图片裁剪来实现的特殊效果

（2）参数调整

在 PPT 的页面中单击任意一张图片，即可进入图片效果处理的模块，我们可以对其进行亮度、对比度、清晰度、饱和度、色温等参数的调整，实现图片效果的改善（如图 8-19 所示）。

图 8-19　图片参数调整后效果对比

（3）删除背景

在实际操作中，有时我们所选择或拍摄的图片背景杂乱，会影响美观或效果。对此，一般的处理方法是通过专门的图形处理软件（如 Photoshop 等）进行处理，对于新手来说，比较麻烦。其实，在 Microsoft Office2010 及以后版本中，新增了"删除（图片）背景"的功能，我们可以利用这一功能在 PPT 中进行抠图，让图片更加简洁、清晰（具体效果见图 8-20）。

以上是关于 PPT 页面设计和美化的一些简单介绍，更多的功能需要你去进一步探索。如果善加利用，并结合个人的课件进行创新优化，你可以用最简洁、有效的方式，制作出富有吸引力的微课来。

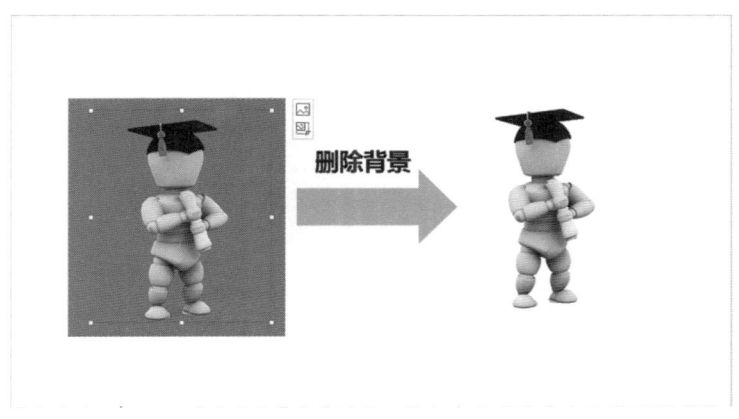

图 8-20 图片删除背景前后的对比

提高微课的颜值

张 爽

想要提升微课颜值,大家一般会想到把 PPT 的布局美化一下,把色彩搭配得舒服一些。其实,提升微课"颜值"有三大秘法:用色传情、用图达意、用版聚焦。

用色传情

色彩是一门科学,更是艺术。在为微课选择配色前,我们需要具备一定的色彩知识。

首先来认识一下色彩家族。色彩家族有两个分支:有彩色和

扫码听微课

无彩色(见图8-21)。

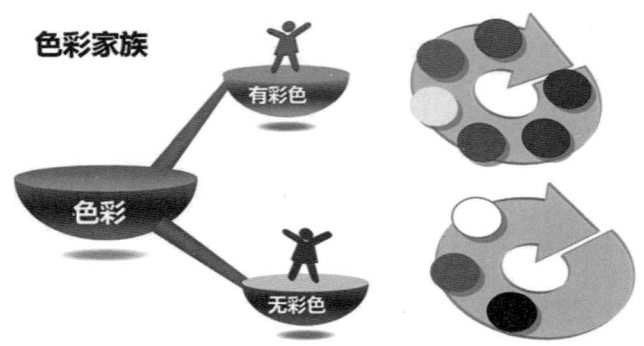

图8-21 色彩家族示意图

色彩也像我们人一样,有其DNA基因。所谓看色如人,色彩DNA有三个核心元素:色相、纯度、明度。

如果你是用PPT来做微课,此时会问:在PPT里怎么找到色相、纯度、明度呢?答案在这里(见图8-22):

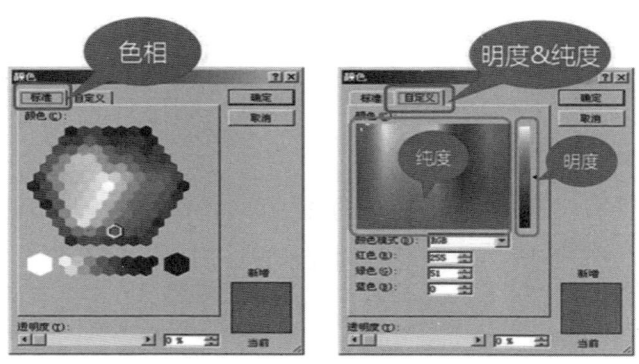

图8-22 色彩的色相、纯度和明度

上面我们认识了色彩家族,是为了帮助我们更得心应手地来配色。接下来当你想为微课选择一块颜色时,还需要知道每一块色彩给学习者带来的心理印象,这样能让我们做到根据课程主题与内容的需求来选择配色,而不是出于简单的"我自己喜欢、这个颜色好看"而决定用哪块颜色。那么,不同的颜色会给学习者带来哪些心理印象呢?

下面这张表可以作为一个快速参考(表8-2):

表8-2 不同颜色给人的心理感受和适用范围

颜色	心理感觉	适合的微课
红色	热情洋溢	表达情感类内容
橙色	有活力	表达青春跃动的活动
黄色	明艳快乐	呈现于奢侈品金融相关的主题
暖色	绽放着温馨、热烈、灿烂、明媚	呈现与人、感情、团队、关系相关的课程主题
冷色	有安静、严谨、清澈、空旷之感	理性类的课程内容
黑白灰	简洁、干练、洒脱、成熟	无往而不利,是商务气氛的快刀手

当然,色彩如人,有自己的特质和情绪,如果细细体味,你会发现积极面的延长线却往往是它的消极面,正像一个人,优点的反面是缺点。这只是同一特点的不同面而已。

关于配色,内容很多,这里只给大家一些简单的提示:

- 善用对比色;
- 表现关联内容的细节变化,可以使用同一色相调整明度和纯度;

- 通过近似色搭配，快速取色。

用图达意

这是指怎样选择适合课程主题与内容的图形。在微课中，我们会常用到四类图形：

- 写实照片：适合表达丰富细节；
- 抽象概念：适合呈现比喻含义；
- 提示符号：适合提炼特点；
- 数据图表：关键是清晰呈现数字和趋势。

请根据课程内容所需选图，而不是随个人喜好而用。

让我们来看一个"用图达意"的课件示例（见图 8-23）：这是一门游泳健将开发的微课，右边调整后使用了写实照片，比调整前更能引人注意，清晰明确说明课程主题。注意到细节了吗？小青蛙的符号图形，简洁聚焦于本课主题上。

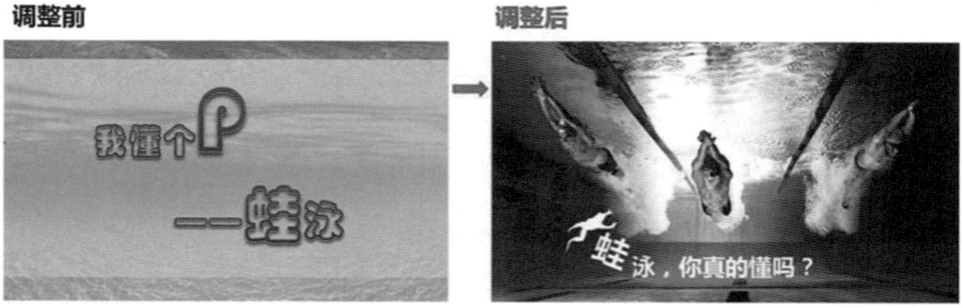

图 8-23　用图达意案例

这门微课属于技巧拆解类，内容主要是讲步骤动作，因此视觉风格应生动形象，突出图解。

用版聚焦

这是指在版面布局上,将学习者的视线聚焦在内容要点上。版面即"布局",将页面上的所有元素呈现于形,收放得当,可有效引导视线;但如果缺乏梳理,也会导致信息负载,给学习者带来困扰。

下面这个示例(图8-24),是通过版面布局的调整,利用与主题同含义的"风暴"图形,让学习者注目到本课焦点上。

图8-24 用版聚焦案例

好的微课也是艺术,正如一家企业的文化沉淀、知识传递、品牌形象,也需要定位不同、风格不同、呈现不同。呈现不只是漂亮,更重要的是企业定位、主题内容、风格特质相"匹配"。

借鉴"设计管理"方法中的八字箴言：目标、要素、方法、标准。微课设计也需要：目标清晰单一；要素明确，有量可控；方法多样化，找到适合自己的；而标准可高可低，在于你的选择和把握。

因此，微课所呈现出的外在形象，不仅仅是配色协调、图文并茂、影音动听、版面美观，更是课程设计者对本行业、本企业的专业理解，对所开发主题内容的深度解析，对知识点的敏锐讲解。因此，评价一门微课的呈现是不是好，需要综合看：主题能否一针见血、切中问题；内容能否让学习者"秒懂"，呈现能否让学习者赏心悦目。一句话，好微课是秀外慧中的完美匹配。

录微课，你准备好了吗

郭苑洁

扫码听微课

在实际操作过程中，由讲师（可能是专职培训师或主题内容专家）来讲授、现场录制视频的方式，是制作微课的常见方法。

不是吗？身边的培训师录微课的越来越多。看着大家伙儿忙乎的身影，看着电脑屏幕上参差不齐的录制水平，很想问一句：录微课，你准备好了吗？

要找到答案，请回答以下四项问题：

☐ **到底想做成什么样的微课**

君不见各方人士出于各种对微课的理解，有的已经把微课做得比电视台的节目还要炫目，有的依然停留在很多年前电视大学的水平——一位培训师面无表情地讲着自己似乎烂熟于心的东西,有的培训师甚至自己成为PPT的幕后解说人,等等。

大家都知道,做事情讲究以终为始,所以,让我们首先想一想录微课的目的。明确了目的,干起活来就更方便了。

那么,你录微课的目的是什么?

(1) 宣传讲师形象,推广线下课程;

(2) 参加官方或非官方的微课比赛,为单位及个人扬名;

(3) 将微课作为线下培训的补充;

(4) 直接将微课作为线上销售产品,实现收益。

如果你的目的是前两个,就一定要把培训师凸显出来,动画再精彩、配音再完美,客户最希望看到的主讲人没有完美呈现,那么目标就没有实现!

如果制作微课是为了将其作为单独产品进行销售,或作为线下培训的补充,那就需要进一步考虑,什么样的教学模式更利于用户接受?是动画,还是培训师出镜主讲?如果是后者,提高培训师的呈现力,使你的微课更有魅力,也是很重要的。

❏ 录像前,培训师要做点啥

在录像开始前,培训师要留意以下四件事:

(1) 录像场地的选择

有条件的话,建议选择专业的影棚或者有教学感受的环境,因为专业录影棚的声音、图像质量都比较专业,符合视觉习惯,而普通的教室或房间在拾音、光线等方面存在很多缺陷,会影响最终的效果。

(2) 熟悉场地及录制环境

在录制前,尽量能够去实地了解、熟悉一下录制环境,看看摄像机位在哪儿,灯光是否合适、随身佩戴的小话筒如何使用,背景板是否合适,是否需要板书,等等。

有机会的话,可以看看别人是如何录制的,了解录制流程与注意事项,提前做到心中有数。

(3) 真正熟悉你的内容

就像很多讲过的课老师都知道的那样,如果你对要讲的内容不熟悉,现场念稿子,或者磕磕巴巴,录像出来的效果将惨不忍睹。就像一位美国喜剧演员所说的那样:必须把一个笑话讲72次以上,才能真正把每个笑话的用词、用时,以及抑扬顿挫都搞准。所以,你也可以用这个标准问问自己,是否已经对课程内容烂熟于心了?

(4) 培训师自身形象

面对镜头,所有人都要"粉墨登场"! 包括服装、发型、化妆,都影响培训师的形象。当然,男士和女士略有区别,一些注意事项参见表8-3。

表8-3 培训师形象注意事项

	男 士	女 士
化妆	• 较为简单。如有化妆师,只需进行基本的发型整理、粉底涂抹即可。 • 如果是自己录制,注意整洁、清洁,并准备一些散粉,颜色与皮肤较为接近,扫除面部的油光(油光在视觉画面上会给人不干净的感觉),看起来更专业即可。	• 比较复杂,学问很多。 • 对于呈现专业能力的培训师来说,只要涂一些粉底,一定不要白于皮肤本身的颜色,颜色尽量吻合或者略深一些都可以,眉毛、眼睛、腮红、嘴唇略有修饰。 • 化妆是门专业的技能,感兴趣可以继续深造。

续 表

	男　士	女　士
服装	• 按照商务礼仪规范,选择一套适合自己的正装,当然有些课程(如国学、艺术),也可以选择有特色的服装。 • 此外,录制时最好带两套颜色不同的衣服,万一背景等有色差可选择更适合的。	• 商务装即可,颜色尽量体现自己的专业性、成熟。不可为了漂亮,选择一些看起来过于学生气或者时尚的衣服。 • 尽量带两套颜色不同的服装。

❑ 录制过程中,有哪些注意事项

培训师出镜,就像演员在台上演出一样,身、心、头、手、眼、鼻,都要妥当、到位。

(1) 眼睛:对着镜头录制东西,最难的就是眼睛看哪儿的问题。一定要学会把镜头当亲人,与镜头亲切地交流,尤其是眼睛看镜头的下方那块,最能有面对面沟通的感觉,多录几次可以让自己的眼神看起来更自然。

(2) 头:正常姿势即可,不要有一些不好的小动作,比如歪头、频繁晃脑袋等,会对培训师塑造专业形象有一定影响。建议培训师录像后多看看回放,及时发现问题,进行调整。

(3) 手和手臂:让手里拿点什么有助于缓解紧张情绪;同时,根据课程的需要,可以有一些肢体动作,但不宜太频繁、夸张,要自然、得体。此外,要提前了解录像允许的活动范围,不要跑出范围。

(4) 站立及坐姿:个人建议站着录像,要直立,注意挺拔、精神;如果是坐着,也要保持住坐姿。

(5) 呼吸状态的调整:录像时,让自己的呼吸状态保持平稳,按照平时讲课的状态呈现即可。如果大家对声音有更高的要求,可参阅相关资料,进行调整。

（6）心理状态:要充满自信、保持专注,努力给你的观众把相关内容讲清楚,不必关心太多技术细节。同时,除非是讲错了,否则录一遍即可,不必为了追求完美,一遍又一遍地重来。

录像之后,还要注意什么

录像完成之后,要做下面几件事,以便进行优化、提高:

（1）认真地看一遍录像成品,进行复盘总结,看看哪些地方与自己的预期不符,哪些地方做得好,哪些未达预期,原因是什么,怎么改进。

（2）如有条件,最好听听学习者或同行的意见或建议。

虽然微课要"内容为王",但呈现力也不可忽视。相信通过不断地练习,你能充满魅力地呈现精彩的内容。

秀出好声音

郭苑洁

扫码听微课

声音是音频和视频类微课的重要组成部分。好的声音清晰、亲切,让人神清气爽、如沐春风;不好的声音,嘈杂不堪,甚至会干扰学习的体验。

那么,如何让你的微课有一个"好声音"呢?

对于录音问题,普通人既要重视,又不要太过计较。说重视,就是要适当学习一些基本的知识和方法;但我们毕竟不是专业选手,不能对自己有过高的期望,只要满足业务需求就可以了。

对于声音的几个误解

许多人对声音会有一些错误的认识,包括:

☐ **我的声音就是我听到的我的声音**

这话说起来有些费劲,但很多人真的以为自己听到的就是自己的声音。实际上不然。我们都知道,声音是靠空气震动,才能为耳膜所接受,我们听到自己的声音实际上是经过自己身体的震动,与别人听到我们的声音不太一样,这就是很多人听到自己的录音觉得有些陌生的原因。

对于自己声音的调整,不要基于自我感觉,一定要录出来以后再评价和调整。有时候,还要结合其他同事、学员对于自己声音的认识。

☐ **耳朵能够听到的,录音器就可以录下来**

不知你是否遇到过这种情况:周围环境很安静,我们听到了远处传来的鸟鸣声,非常动听、清晰,你拿出录音笔,想把它录下来。你觉得可以吗?

答案很可能让你失望。因为声源与你的录音设备距离过远,普通的录音装备根本无法录制出来。与录音设备相比,我们的耳朵是非常高端、精密、智能的,就算在嘈杂的环境中,都可以把自己感兴趣的那部分内容听得清清楚楚。但是,如果把当时的声音录下来后期再听,就会发现什么也听不清楚。

说了这么多,就是要让你对录音设备有一个基本认识,那就是:它们很傻,只能录下离它距离近的声音;它们很笨,只能在安静的环境中录一个声音。如果有很多个声音,它就不知道如何安排主次,往往把各种声音都录下来,不分层次,混成了"一锅粥"。

像我们平时听到的交响乐唱片,真实的录制过程是一轨一轨地录制,之后再总体混合,才能更真实地还原接近我们耳朵听到的声音效果。

以上几点是为大家开始录制奠定基本的认识基础。

利用好你手边的工具

对于刚刚开始录制微课的老师,我觉得手机和录音笔就是我们的必备利器,方便、好用,效果也不错。之所以不提电脑,是因为电脑体积大、本身还会带噪音、话筒位置不够统一,所以不建议录音时采用。当然,如果你有较好的录音装置连接电脑,也可以采用。

那么,怎么放置手机和录音笔,才能有更好的录音效果呢?

首先,手机、录音笔的话筒应尽量靠近嘴巴的位置,同时保持一个舒适的站姿或坐姿。

其次,建议把手机或录音笔安放在一个固定的位置上,比如桌面(如高度不够,可在下面垫一些物品),不提倡手持手机或录音笔,因为我们的身体会有晃动,可能影响录音效果。

再次,不要让嘴巴正对着话筒位置。我们知道,发声是一个呼气的过程,若嘴巴与话筒正对着,很容易产生一些气流冲击声。

选择和布置环境

录音效果也会受到周围环境的很大影响。那么,如何选择并布置合适的录音环境呢?

如果需要把微课制作得很精良,并且也有充足的资源与条件,那么,建议找专业的录音棚进行录制,这样录出来的声音将很专业。

如果不具备上述条件,可以就近在家或办公室选择放有较多家具又狭小的房间。为什么选择小房间?因为这样回音小,录出来的声音比较干净。为什么要屋里有很多家具?因为声音如同光一样,发出后会有反射回来,如果房间比较大,又很空旷的话,回音就非常大;如果有一些木质家具,就能够很好地把声音吸收住,这样录出来的声音就非常干净,听起来很舒服。不信,你也可以回想一下,音乐厅的墙壁是什么样子的呢?

当然,如果房间里没有什么家具,可以放一些类似被子的棉织品,也能够起到一定的吸音效果。

如何配音

在配音时,要调整好自己的气息状态和心理状态,注重重音变化(抑扬顿挫),掌握适中的语速。当然,普通话是基础和规范性要求。

□ **调整气息**

一谈到气息,中国人会很自然地想到"气沉丹田",但是,许多未经过专业发声训练的人可能不易掌握。笔者建议,大家采用日常的胸腹联合呼吸法,放松喉部,通过有意识地控制气息,帮助我们更持续、长久地发音,避免声带过度疲惫。

如果大家想进一步提升自己对于气息的控制,建议大家可以每天坚持10分钟左右的发声练习,练习内容:一口气数数,每个数字用时一秒钟左右,能够数的数越多越好;喊口令:1234、2234、3234……

练声时应注意:

(1)声音要尽量大一些,仿佛几十位听众;

(2)声带保持放松状态,核心就是多说一会,声带不累,不要扯着嗓子喊。

□ **心理状态调整**

录微课时,我们经常是一个人在一个小房间里讲课,并没有真实的学员。这样,很多人录制出来的东西,往往像一个人自言自语,没有对象感。怎么解决呢?

培训师在录制微课时,虽然眼前没人,但一定要做到心中有人,要不断想象着有人在听的样子,而且最好能细化到这种状态:"讲到这块,这个学员可能听得不是特别明白,我要再强调一下。"通过这种现场"自我对话"的"内心戏",有助于提高声音的生动性。

同时,培训师要有热情和感染力。如果你讲课(或录制)时,面无表情、语言呆板,很容易让人昏昏欲睡,录出来的微课也将索然无味。当然，也不能过于夸张、激动。

□ **注意重音变化**

优美的声音讲究抑扬顿挫，富有韵律和变化。为此，在语流当中，注意重音的变化，是避免呆板的基本方法。一般来讲，人们在日常交流中大都能比较自然地应用重音变化，包括重读、轻读和停顿等各种方式，但在公开场合呈现时，许多人因为紧张就表现得不那么自然了。因此，学会在语言中铺排好重音，对于我们驾驭语言绝对是一把利剑，能够让我们的呈现能力有质的飞越！

□ **语速适中**

说话是为了交流，所以一定要按照对方能够理解的速度去表达，而不只是自己的欲望。虽然语速快可以容纳更多的内容，也容易让学习者产生一定兴奋感（过于缓慢的语速，可能让人困倦），但语速过快，也容易让人有压迫感，影响学习体验。

所以，要保持适中的语速，一来让大家听明白，二来让人感觉舒服，既不拖沓，又不压迫。就像很多人都很喜欢听《非诚勿扰》中主持人的讲话，从容不迫，有大将风度，用心揣摩并多加练习，相信你也可以做到！

□ **说好普通话**

毫无疑问，普通话是录音的基础和规范性要求。虽然我们一般人不太可能达到职业播音员的水平，但只要你充满自信，吐字清晰、发音准确，就可以让人接受和喜欢。

关于普通话的练习，本书不赘述，但大家要谨记：尽量标准的普通话有助于增强你的专业呈现感！当然，根据你的目标受众以及所讲述的内容、题材，为了增强某些特效或幽默感，也可以适当地加入一些方言或非标准化的语言元素（如网络语言等）。

第9章 在企业里玩转微课

本章要点

> 没有体系化的碎片,是一盘散沙。在微课流行的今天,如何构建起灵活而完善的体系,将是很多企业面临的一大挑战。

> 微课的体系化应该包括三个系统:内容系统、运营系统和技术支撑系统。

> 让员工参与进来,发动群众,共创微课,对于企业微课学习资源建设,具有重要意义与价值。要想使众包机制有效地发挥作用,需要具备下列四个要素:激励机制、支持性环境、审核机制、组织与管理。

不要让微课变成"一盘散沙"

扫码听微课

在笔者看来,没有碎片化的体系,是铁板一块;没有体系化的碎片,则是一盘散沙。近年来,受内外多种因素的综合影响,原先那些大而全、开发难度大、建设周期长、成本高、缺乏灵活性的"铁板一块"式的企业学习模式,正逐渐瓦解、分化,这也在事实上导致了微课的普及。

但是,相对于前者,没有体系的碎片化将更加可怕。想象一下,如果你家里的衣柜里堆满了一件又一件零零碎碎的衣服,完全没有分类,也没有任何区隔,你想找出其中一件适合的衣服,都得要翻遍整个衣柜,那会是一番什么景象?

所谓体系化,就是要有分类、有框架,便于管理、查找、使用和更新;同时,也有一些针对不同情况的组合,可以让学习者方便地选择,从而提高学习效果。因此,在微课流行的今天,如何构建起灵活而完善的体系,将是很多企业面临的一大挑战。

根据我对企业学习体系的研究,我认为,微课的体系化应该包括三个系统:内容系统、运营系统和技术支撑系统。

规划微课的内容体系

- 企业中哪些内容适合以微课的形式来开发和交付?
- 如何来组织和管理许许多多的微课件,以方便学员的学习,也有利于知识的掌握和信息的查找？

- 不同微课件之间如何相互组合或关联、配合，以实现特定人才培养、知识管理或绩效支持的目的？

以上这些都是微课内容系统应该回答的问题。

微课的内容系统需要基于岗位人才培养、绩效支持或教学目标来进行系统的设计。例如，可以将某个较宏观的教学目标拆分为若干个小的知识点，并将这些知识点以微课的形式呈现出来；在实施时，根据不同学员的具体情况，以混合式学习的方式进行灵活组合。

微课运营体系

如果说内容系统是以课程（或课件）为核心的话，那么运营系统则是以教学活动和流程、管理为核心。

在我看来，微课运营体系应该包括下列四个方面，解决如下一些问题：

- 内容规划：应该服务哪些人？他们需要哪些知识？
- 内容获取：这些知识从哪里来？谁来负责内容的设计与开发？如何激励他们？
- 内容共享：如何分享、推送给哪些人？
- 内容更新：如何对内容进行验证、更新，保持其有效性？

笔者在 2015 年的企业微课调查显示，"缺乏激励机制、难以持续"、"缺乏人力、物理和财力支持"是企业微课开发遇到的重要难题。这表明，许多企业尚未建立起适宜的微课运营体系。

微课支持体系

对于前两个系统来说，要想有效地运行，都离不开相应的信息技术系统作为支撑。现在，许多企业已经部署了学习管理系统（LMS），可以比较方便地实现上述两个系统所需的管理功能。但是，需要注意的是，许多LMS是适合传统面授培训和在线学习（e-Learning）的，并不能完全地支撑微课程和微学习。主要的差异包括：

- 微学习的学习资源可能不限于传统的课件，而是形式多样（可能包括一页纸的图文信息、电子书、论坛、百科等），并注重学以致用；
- 学员的使用场景很复杂，可能通过智能手机、一些专用设备或社交媒体等获取并更新学习资源，不只是基于内部网的个人计算机，或仅由一些专业人员使用；
- 相应的学习活动也是多种多样，并不只是观看课件，可能还要包括许多社会化学习活动。

为此，需要根据微学习的特性，对传统的学习管理系统进行适当优化或调整。事实上，我们的调查显示，"缺乏技术支持"是企业微课开发的主要难题之一。这说明，对于许多企业来说，搭建微课的支撑系统已经成为一个现实的挑战。

如何构建微课资源体系

刘 宁

企业要想充分利用在线学习或者移动学习平台，真正让学习与工作融为一体，就需要大量的学习资源作为支撑。对此，微课无疑是一个重要的选择。那么，企业如何积累并构建成体系的微课学习资源呢？

在笔者看来，用于企业培训的"微课"（这里主要指的是适合PC和移动端学习的音视频多媒体微课件），其来源大体可分为三类：

☐ 通用标准"微课"

业界有一些公司已经积累了大量的此类微课资源，内容主要涉及基础管理知识、职场技能、行业知识、技术素养等，通常是由专业课件制作公司组织力量研发，知识性强，制作精良。

作为企业在线学习资源中的基础储备，这类课程虽然针对性不强，但有较长的时效性，也有一定适用人群，可以作为选修内容，满足员工提升个人能力多样化的需求。因此，企业不需要投入太多人力、物力去自行开发，只要根据预算情况，逐步采购部署到位即可。

早期，因此类课程的制作成本较高（通常每门课制作成本高达数万元），销售价格也居高不下（多在数千元/门的价位上），又因其针对性不强，很难引起企业的批量购买欲望。但近年来，受竞争加剧、技术进步和制作成本下降等因素影响，此类微课的售价下调，性价比提升。对于企业来说，如果这类"微课"单门价格能降低到500元以内，通过分批采购，是非常合适的策略。

此外，如果企业采取租用学习平台的方式，平台提供商通常也会提供相应的内容解决方案。

☐ 精品定制"微课"

为了提高微课的针对性，现在，越来越多企业开始定制自己专属的微课。根据笔者了解的信息，这种定制通常集中在企业文化、专业操作技能等方面。

这类微课不仅是企业学习资源中的"招牌"、"脸面",更重要的是,它们通常是由专业团队制作,能够有效地吸引学习者的注意力。因为多数成年人是"不爱学习"的,有趣的课程才更容易吸引到他们的注意力,并从中发现"有用"的内容,有助于提升员工学习的兴趣。

但是,除非企业学习发展部门实力雄厚、编制宽裕,可以聘用、组建全职的课程开发与制作团队,否则多采用外包的方式来开发此类微课。坦率地讲,委托专业课件公司定制的成本相对较高,不仅是制作成本,更高的是企业与外包公司的沟通成本。因此,除非是"土豪"级的公司,很难批量定制。

那么,对于此类微课,企业应以什么策略来建设呢?我认为,对于那些时效长、适用范围广,又具有专业性或企业特性的重要内容,在预算允许的情况下,由专业公司或团队来制作,效果会更好,更容易吸引员工学习,同时也能起到"壮门面"、"树品牌"的效果。所以,企业还是可以考虑集中资源,做出少量精品微课。

☐ 自行开发"微课"

这类微课才是企业未来真正开启在线学习和移动学习的关键!随着视频拍摄和制作工具的简化与普及,从"制作"的角度,技术已经没有不可逾越的门槛了。一些好用、易用的课件制作工具,价格低廉,甚至可以免费使用。这就为企业中的普通员工参与到微课制作中,创造了有利条件。

同时,从内容的角度,只有员工才真正了解自己的学习需要,在员工队伍中也存在着大量的"民间高手",他们参与制作出来的微课,更加接地气、有实效。

举例来说,2015年年初,笔者了解到"培训经理专业认证"班的同学中,有很多都想在自己的企业里推动微课开发,却又不知从何下手;同时,我们也把加速"培训经理(网络)学院"的建设列入2015年的工作重点,所以我们在学员中发起了"百日百课"计划,意为"100天开发100门微课"。

在这些微课中,有一个系列是"新任培训经理"。笔者对此的解释是:"各位同学都是企业培训部门的负责人,假设你的部门新来了一位员工,从来没有做过培训工作,你要教他些什么?"经过讨论,对"新任培训经理"的培养要求被定义为"能够独立完成培训实施中的各项工作(班主任)",大家按照"训前、训中、训后"三个阶段,梳理了一名合格的"班主任"都要做哪些事情,第一门课就叫做"从接到培训课程任务开始……"

在开发过程中,大家惊喜地发现,原来培训部门里几乎每天都在做的最基础的班主任工作,也隐藏着很多奥秘和玄机。比如,这次开发中,来自威高集团管理学院的鞠武志同学率先完成的第一门微课"现场评估问卷的妙用",就为大家阐述了培训现场评估问卷的作用,不仅是培训总结和汇报的数据来源,还能够为下次培训的内部宣传以及帮助老师提升授课质量提供帮助。

在这些看似平实的内容背后,每项工作都被认真地梳理、思考、总结,很多同学在完成开发后,都非常兴奋地说:"以前这些事情都只是机械地做,没有认真考虑过;通过制作微课,不仅工作内容更清晰了,思路也打开了,而且有了这些微课,以后部门中再有新来的人,只要让他们去平台里学习就好了,带新人的工作量就会大大减轻了!"

就笔者的体会而言，某种程度上，开发微课的过程甚至比"结果"更有价值。因为开发微课本身就是一个学习、优化的过程；开发出来的成果又为企业沉淀了知识和经验，为未来真正实现随时随地的学习打好了基础。而培训部门通过组织企业的内训师，甚至各部门的业务专家，参与到微课开发中来，不仅能真切地把握员工的需求，让培训直接服务于业务发展，也更加容易被员工和业务部门认可，不是吗？

所以，让员工参与进来，发动群众，共创微课，对于企业微课学习资源建设，具有重要意义与价值。

"众包"——让用户参与进来

扫码听微课

笔者于 2015 年进行的企业微课调查显示，"内训师和业务专家"、"企业大学或培训部"仍是微课开发的主力军，而"让员工参与(UGC)"并不普及（如图 9-1 所示）。

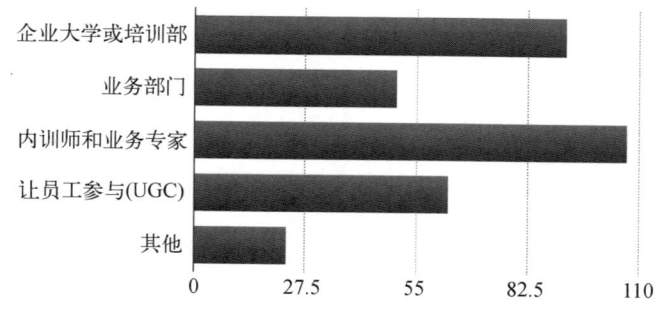

图 9-1　哪些人负责微课的开发

但是，在我看来，只有让员工参与进来，使大多数内容都是"用户创作内容"（UGC），才是"微课"的春天。因为相对于员工，内训师和业务专家仍是少数；相对于更接近业务实战的员工，企业大学或培训部只是员工学习与绩效支持的一个支持性部门，正所谓"一花独放不是春，百花齐放春满园"。随着微课的研究、实践与技术的快速发展，我相信，在不远的将来，微课的春天一定会到来！

何谓UGC

按照维基百科（Wikipedia）的定义，"UGC"指的是由最终用户（而非专业人员）创作的各种内容，包括观点、故事、评论、评价或反馈等。

2007年12月，美国《时代》杂志将"You"评选为年度人物，并认为消费者个性化、参与共创将是大趋势。

员工为什么不做微课

但是，为什么许多人还没有做过微课呢？我认为主要原因无非是不知道、不会做、不愿做。进一步分析起来，包括如下"六个缺乏"：

☐ 缺乏指导

许多人不知道什么是微课，甚至见到的微课都不多，所以不知道如何选题、如何设计，也不知道需要用什么形式来呈现，不知从何处下手，心理上有陌生感，感到茫然，这都是很常见的。一旦得到有效的指导，掌握一些新技能、诀窍，就能很快上手。例如，我们的实践表明，哪怕只是经过半天的培训，以前从未接触过微课的人也可以制作出一门微课。

☐ **缺乏练习**

因为我们很多人没有做过微课，虽然可能也用过其中的一些软件，但因为这并非其主要工作，有的也未必是"技术控"，很喜欢琢磨，因而在实际操作过程中，可能很生疏、不顺利，也可能会遇到各种各样的困难（甚至是误操作），容易让人产生畏难情绪而打起了"退堂鼓"。事实上，在我看来，微课制作工具的使用是一门技术活，熟能生巧，离不开大量练习。

☐ **缺乏紧迫感**

现在，虽然微课是大热点，但在很多公司里面，还没到非做微课不可的地步，领导不要求，自己也可能只是想想而已。如果没有紧迫感，许多人可能就不太会克服困难、坚持下去。因此，在某种程度上，我们要自我加压，主动拥抱变革，意识到微课的价值，越早做、越多做，就可能先人一步。

☐ **缺乏热情**

对一个新事物，人们总是会有各种各样的看法。有的否定，有的怀疑，有的心存偏见，这也很自然。因为每个人都有其价值观、特定的观点和利益诉求，因而态度各异是很正常的。试想一下，如果我们对一个新事物，如果不是坚定地喜欢，我们就很难真正投入时间和精力，遇到困难也就很难坚持。

☐ **缺乏创新精神**

每个人都有自己的"心智模式"，包括一些经验、规则、信念等，心智模式的存在一方面使得人们可以从复杂事物中找出规律、提高做事的效率，但另一方面也可能导致僵化、缺乏创新。举例来说，很多人（尤其是培训师）开始做微课时，不由自主地会受到传统面授或 e-Learning 的影响，要么是拍摄老师在讲课的片段，要么是动画。其实，微课的定位、选题、设计逻辑和组合应用模式，都与前二者有很大差异，不能简单地照搬过去的经验。

☐ **缺乏"闯劲"**

即使克服了上述挑战，在真正行动前，许多人还要应对另外一重障碍，那就是害怕"露怯"、担心出丑或者不完美、让别人笑话。因为这种担心，许多人就会踌躇不前，从而难有进步。事实上，在微课面前，现在，任何人都是新手，市面上也没有公认的或完美的标准，任何微课都有瑕疵，因此这种担心肯定是多余的。

如何让员工参与进来

综上所述，要想在组织内部推动微课，让员工参与进来，企业还需要做很多工作，包括但不限于：

- 加强对微课的宣传，让广大员工都知道何谓微课、微课为大家有什么价值、谁可以参与制作微课、参与制作微课对自己有什么好处；
- 开展"微课大赛"，激发大家的参与热情；
- 开发一系列如何制作微课的微课，如：如何选题、如何设计结构、如何操作软件等，教给大家如何制作微课；

- 提供相应的培训或微分享，对参与制作微课的同事给予到位的支持，使其顺利完成一门微课开发；
- 发现"微课达人"，给其更大的扶持。有关互联网的一项研究指出，大多数在网络上浏览的内容是由极少量的人创作的（有点像20：80原则，即20%的人干了80%的工作）；Forrester公司对美国成年人在线活动进行了研究并指出，只有13%的人是所谓创作者，他们撰写博客、维护网站、上传文档，而半数以上的网民是不活跃用户，所以抓住少数的关键用户是非常重要的；
- 建立并兑现激励机制，使大家真正尝到参与制作微课的"甜头"；
- 充分利用微课，发挥其价值，让大家真正看到微课的价值。

众包机制的四个要素

在许多企业中，为了促进员工参与，常常会组织一些类似"微课大赛"的活动，如京东大学组织的"随手拍Know-how"，鼓励员工利用手机，把自己身边工作中的诀窍拍摄下来、分享出去，都是鼓励员工创作内容的"众包"（crowd-sourcing）机制。

在许多企业中，众包已经成为产品开发和营销中的重要方式，但在学习与发展领域，众包仍较少被采用。

综合国内外一些优秀企业的实践经验，我们认为，要想使众包机制有效地发挥作用，需要具备下列四个要素：

☐ **激励机制**

对于用户来说，创作内容并非其职责，不是必要的，也无法采取强制性措施，所以，要想让用户参与创作内容，一定要搞明白是什么能激励参与者愿意参与创作、贡献。因此,要想让众包机制能够运行起来,必须激发并维持人们的热情。

虽然金钱对许多人来说肯定是有吸引力的,但并不是对所有人都管用。对许多人来说,非物质奖励,如肯定、成就感、好玩,也是很重要的。尤其是内驱力,更为强烈而持久。

支持性的环境

人是社会化动物。的确,我们的许多行为都会受到组织和社会环境的影响。如果组织具有开放、共享、拥抱变革、鼓励学习的环境,大家就更愿意与大家分享、交流。在这方面,与组织文化、领导者的以身作则等有很大关系。

因此,在发起类似"微课大赛"这样的内容众包活动时,如果能得到各级领导的支持,一些有影响力的"高手"能参加,可能会起到表率或带动作用。此外,建立一些实践社团或在线交流社群,也会让参与者有归属感,或者相互鼓励、带动,也可以为其提供相应的支持(包括工具、模板、使用技巧、心得经验交流等),都是一些比较有效的做法。

审核机制

由于参与者的多样性以及自愿性、非强制性,用户提交的内容很容易参差不齐。虽然其中不乏一些精品,但更可能的结果是,大部分用户创作的内容质量不高。因此,要是没有筛选或评价机制,大量内容空洞、制作粗糙的作品可能降低大家的兴趣,也是对资源的浪费。

在这方面,有以下几个注意事项:

- 评价标准不要太专业、太复杂，要简单，降低参与门槛；
- 建议设立两类评委：专业评委和大众评选，前者建议由公司业务内容专家和微课设计专家组成，可以对内容和微课质量进行把关，后者则鼓励员工参与，是集体智慧的体现；
- 评价机制要好玩；
- 为提高获得高质量微课的概率，需要强化赛前指导，包括让大家了解微课的标准、选题技巧、微课的设计与制作技能等。

组织与管理

要想充分发挥众包机制的力量，不能只是搞几次运动式的"大赛"，应该形成机制，作为组织的一项日常工作。为此，需要建立健全众包机制的组织与管理机构，将责任明确到人（部门），常抓不懈。如许多企业会让企业大学/培训部作为学习资源的牵头部门；由市场部作为营销类UGC活动的牵头部门。

负责众包机制运作的部门职责包括但不限于：
- 规划众包机制可用于哪些领域；
- 建立支持性的环境；
- 发起并运作UGC"大赛"，包括对内容的评审组织工作；
- 建立并兑现奖励机制；
- 对UGC的充分利用；
- 通过适当机制，监控UGC是否过时，如过时或失效，则推动对其的更新。

当然，因为不同企业的实际情况千差万别，你需要找到适合自己所在组织的关键要素，从而更好地推动UGC和众包机制。

第 10 章　先行者的实践探索

本章要点

🔊 作为一种新生事物,微课得到了众多优秀企业大学的青睐和积极探索。本章介绍了万达学院、京东大学、中信银行信用卡中心、新奥大学的实践经验。

🔊 万达学院的"哑铃"模式,一方面注重选题,找准关键问题,另一封面强调培训成果的落地。

🔊 京东大学全员集智,共创微课,形成了较成熟的模式,确保微课开发"快"亦专业,内容设计碎片化且有针对性。

🔊 中信银行信用卡中心采用敏捷开发模式,让微课开发变得快捷轻松,并注重微课运营。

🔊 新奥大学激发草根成为知识创造主体,聚焦工作中的重点、难点、热点,基于"互联网+"进行项目设计,努力打造工作辅助式精品微课。

万达学院:微课开发的"哑铃"模式

尚 岩

作为互联网思维的产物,微课程的核心目标是使学习更加人性化,更灵活地满足学习者的需求,激发自主学习的兴趣。万达学院围绕"开发什么"和"如何开发"两方面对微课程进行了全盘思考和实践。

万达学院的校训是"有用",怎样才算"有用"?万达学院的教学理念是"解决问题,就是最佳学习",在这里,一切教学活动都以"问题"为核心,这就形成了万达学院教学策划的"哑铃模型"(参见图10-1):一端是"选题",强调找准关键问题,精确制导,问题的价值决定了培训的价值;另一端是"培训成果",强调培训成果要能落地,有人在用,有账可算。

微课选题 —— 寻找关键问题

"关键问题"来源于两大方面:一是"模块化"关键节点,二是部门/岗位的年度关键任务。

扫码听微课

图 10-1　万达学院培训策划的"哑铃模型"

□ **聚焦模块化管控体系关键"节点"的微课程开发**

"模块化管控"是万达快速发展的"独门秘籍",将一个大型项目从筹备、开工到开业、交付的全过程划分为 12 个"模块"300 多个计划"节点",每个"节点"都有一个具体的任务项——责任人是谁、什么时间、完成什么工作任务、交付验收的成果是什么、检查督办的人是谁等等,逐一列清。

"模块化"管理与培训管理之间是什么关系?"模块化"解决"干什么"的问题,培训管理可以帮助解决"怎么干"的问题。从 300 多个节点中梳理出"关键节点"、"事故高发节点"和"难点节点",针对每个节点开发出对应的微课程。当学员们遇到问题,或将要进展到某个关键节点的时候,可以提前点击"节点学习",让犯过的错不再重犯,让好经验得以快速传播。学员也不再受限于几天的培训班,通过万达学院网络学习平台,实时解决问题,实现"随时随地,有求必应"。

☐ **"任务树"——聚焦部门/岗位的年度关键任务**

关键问题的第二个来源是部门/岗位的年度关键任务。我们开发了一个叫做"任务树"的工具,可以帮助业务系统梳理部门或岗位的年度工作任务,并且组织全体学员通过"贴苹果"的形式,聚焦出那些对年度任务伤害最深、影响最大、完成难度大的关键问题,作为培训课题,这深受业务部门领导和学员的欢迎。

微课开发 —— 魔法数字"11130"

如何将"问题"转化为"成果"?万达学院有一个核心理念叫"知者为师",解决问题的主体不是学院或老师,而是学员自己。万达学院的学员都是来自于业务一线的中高级管理者,人人可以为师,贡献智慧经验。那学院扮演什么角色呢?一是搭建"知者为师"的平台;二是进行教学形式策划,激发"知者"的意愿和潜能;三是提供工具、方法,帮助"知者"高效地解决问题,进行知识管理。

万达学院有一万名学员,如何集这个庞大群体的智慧和经验,快速开发成易吸收、易传播、易分享的微课程?

这就需要一个简单有效的工具,就像一把锤子,无需过多解释,学员就能用它把钉子钉进墙里。这把锤子就是"11130 教学法"(以下简称"11130")。"11130"的含义是:1 个(类)业务问题、1 个典型案例、1 个解决方法(工具)、30 分钟讲解。当然,30 分钟只是个概念,寓意时间短,不长篇大论,我们在实际操作中,很多课程都是 10 分钟解决问题。

☐ 试水内训师　初见成果

"11130"问世后,学院决定首先向内部讲师群体推出。他们拥有丰富的授课经验,对此方法有着更为真切的感悟和反馈。

在商管系统内部讲师 TTT 训练营中,廊坊商管公司某营运经理准备讲授的课程是"招商谈判",这是一门典型的"体系式"课程,内容信息量大,概念多,即使 4 个小时也很难讲透,且容易遗忘。根据"11130 教学法",她决定放弃原来的讲法,和小组成员一起梳理总结了招商谈判过程中最容易遇到的 6 个问题,从其中选取了自己最拿手的一个,最终将课程主题聚焦为"招商谈判中因工程问题陷入僵局怎么办?"课程一开始便抛出了某广场招商谈判中因工程问题陷入谈判僵局的真实案例。

在组织学员对案例进行深入地分析研讨之后,课程最终晒出了一个"工程问题谈判化解方案清单",作为谈判工具提供给招商谈判人员。学员大呼过瘾,感觉这才是真正"有用"的培训,是真正的"干货"。通过使用"11130"实现了教学方式的转变,讲师们深有感触,授课时间短了,效果反而更好了,对学习者更"有用"了。

☐ 微课大赛　实现知识沉淀

"11130"理念简单、易记、好用,便于快速传播。参加了此次 TTT 培训的商管总部成本部经理回到工作岗位后,立刻向成本部领导建议,在商管系统成本线开展"11130 微课程竞赛",帮助一线管理者把自己的好方法、好经验都快速沉淀出来,在成本系统学习分享。一周后，成本部领导讨论确定了13个课题，都是实际工作中存在的共性、难点问题，发出了《一人解决一个问题——11130微课程大赛》的通知。最终，商管成本系统90余名经理全部提交了"11130微课件"，这些课件直奔问题、干脆利落，而且给出的方法都很落地、拿起来就能用，质量大大超出预期。

目前，万达学院正在向各个业务系统推广"11130"，将其作为万达集团全民知识管理的工具。相信这把好用的锤子，能够成为万达集团"问题解决型"微课程开发、知识沉淀管理的利器。

微案例——五步展现威力

案例教学是万达学院的特色。从2011年到现在，万达学院一直在进行"精品案例微课程"的研究，采取的主要教学形式是视频案例片和舞台案例剧。一部案例片或舞台剧的时长在10分钟左右，集中解决一个（类）问题，是典型的"微课程"。

精品案例课解决的问题也分为两类，一类是针对业务问题，比如微视频案例片《百货合同续约谈判36计之"算计"》。针对业务问题的案例片突出"智慧点"，课程开发过程中加入"情境还原，攻擂守擂，巅峰对决"等真实体验环节，确保汲取和呈现的是众人之"智"，具备普遍的学习价值。

精品案例课解决的另一类问题，是对学员心智模式的影响和重建。这是培训界一个普遍的难题，万达学院经过大量的调研和跟访，发现优秀的精品案例课确实可以实现"穿越思想屏障，直达潜意识深处，重整心灵源代码，再建心智模式"。这一类精品案例微课程的开发过程分为五步：

1. 故事：小组成员在一起，讲述自己亲身经历的真实故事，选出那个让人印象最深刻的、最有典型意义的故事作为基础素材。例如，有学员讲述了自己公司某管理者在领导面前酒后失控被公司辞退的故事。

2. 参悟：参悟故事背后的心智模式，参悟要透彻，可以通过三个步骤：观象、学术、问道。

"观象"就是看表面现象，上述学员讲述的故事，从表面看，就是管理者酒后没控制好自己。随后，学员在"学术"过程中各抒己见，有人说"领导 24 小时都是领导，时时都在考验你"，有人说"场合意识、分寸意识"，这些都是告诉你如何避免类似错误的方法，都属于"术"的层面。但如果只"学术"，这个错误避免了，却还有可能犯其他错误，所以还要"问道"。"道"是最深层次的动机，是"心法"（即心智模式）。比如这个故事，一旦引导学员进入"道"的层面，树立起"敬畏之心"，才能做到"慎独"，在任何场合都能够"自律"，这才是对自己最好的保护。

3. 立意：将第二步参悟到的"道"精准地表达出来，传递给观众（学员），就是立意。

对于故事，通过"观象、学术、问道"，最终确定的立意是"要有敬畏之心"，于是，在案例呈现的结尾，我们设计了一段歌曲："陷阱陷阱，无处不在，陷阱陷阱，你要躲开，陷阱陷阱，谁在使坏，陷阱陷阱，自己活该。人在做，天在看，不要不相信，就在那一天，预言会出现……"在职场，特别是当你权力很大的时候，如果没有"敬畏之心"，陷阱是无处不在的。根据学员实际反馈，这个案例故事配合这段歌曲，对学员触动非常大。如果没有"问道"，而只停留在"观象"和"学术"的阶段，对于这些管理层级比较高的学员，是不可能产生这样的触动的。

4. 呈现：关于舞台呈现，我们的标准是"为灵魂画像"。让故事中人物的灵魂和学员的灵魂直接对话，穿越思想屏障，一切影响和改变都在潜意识层面完成。

5. 包装：在服装、道具、灯光等外在形式方面尽可能精细化，让灵魂画像的呈现更清晰深刻。

京东大学：全员集智，共创微课

陈丽娴（京东大学）

移动互联网的兴起将大家拉进了微时代，"微课"这个概念在学习与发展领域越来越受关注。京东大学作为中国互联网企业大学的典范，当然也不会错过这个时机。

四大挑战让京东大学坚定了微课的探索与实践：首先，京东的员工遍布全国，口传心授这种集中式培训操作起来较为不易；其次，学习内容多元化；再次，京东正处在快速发展阶段，员工的工作节奏非常快，只有干货和充满吸引力的课程才能激起员工学习的兴趣；最后，在京东，永远不变的就是变化本身，可能刚刚搭建了一个岗位的课程体系，就会因该岗位的职责调整而产生变动。

面对上述挑战，我们用互联网人的习惯性思维问了自己三个问题：有无方法更快速地开发、产生内容？能否将学习内容变得更短小精悍？是否可以让学习内容更快速地传播？

从2013年开始，京东大学边摸索、边验证、边试错、边迭代。直至今日，基于京东内部的实践经验，我们对微课有了一个很"朴素"

的理解,包括快速开发和碎片化这两个要素。

微课开发"快"亦专业

传统培训课程的开发,从前期策划、调研、访谈等,到最后完工,至少要3个月的周期。京东无法接受这样的速度,我们要在速度上挑战传统方式,但也不能因为快就降低质量标准。

现在,京东大学形成了一个非常成熟的模式——课程开发工作坊(参见图10-2)。15个岗位专家,2天1夜,就可以产出5~6门专业岗位课程,包括课件、讲师指引和考题。

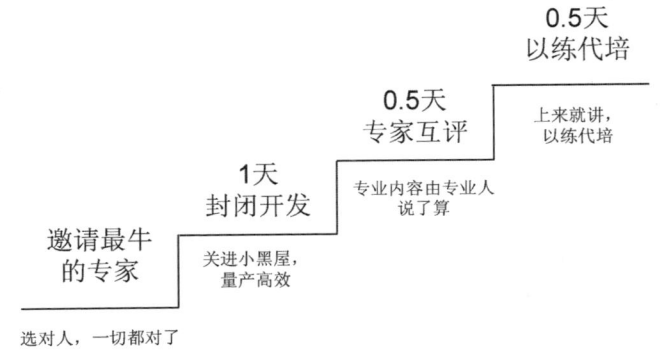

图10-2 京东课程开发工作坊流程

做好快速课程开发,需抓住三个关键点。

□ 找对专家

"请对人"有时候比"命对题"更重要。我们要找到在这个领域最有发言权、经验最丰富、业绩最好的专家——业务部门里最出色的专家便是最佳人选。每门课程安排3~4个专家共同开发,利于群体共创,互相补充和检视。

整个开发过程都由专家做主导决策。人找对了,结果肯定错不了。

□ **将专业理论变成工具、模板**

参加开发的人都是业务专家,不是培训专家。他们不懂培训和成人学习理论,也不懂加涅教学设计原理。事实上,他们没有必要知道这些,也很难在短时间内学会。

为了帮助业务专家更为快速顺畅地进行课程开发,我们将课程命名、确定学习目标、提炼课程内容大纲、设计教学活动等开发过程提炼成最简单的模板、工具和表单,配以简单的讲解和示例(见图10-3、10-4)。我们甚至提前开发好了全套的京东PPT图库(见图10-5),解决了很多业务高手不太擅长PPT制作的难题。图库当中的模板颜色风格都与京东LOGO一致,各种元素皆备,可直接套用。

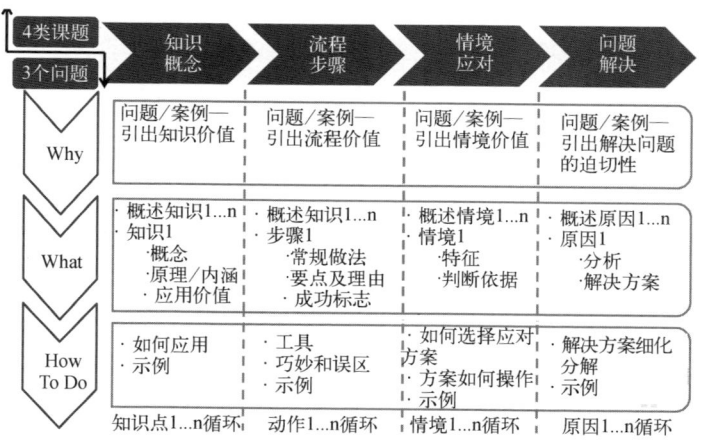

图10-3 京东课程开发教学设计模板

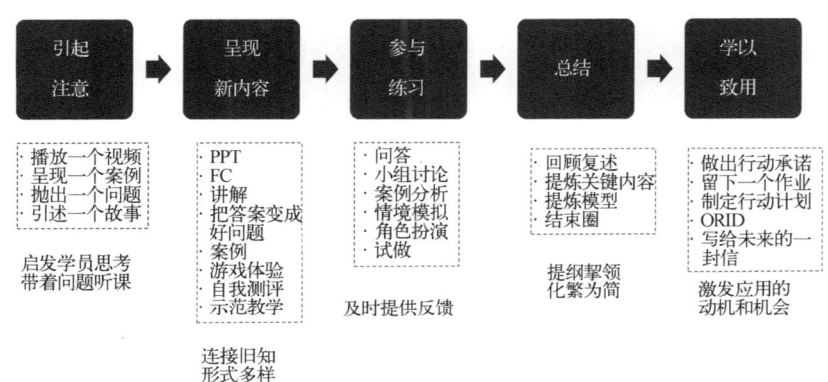

图 10-4 京东课程开发教学设计模板

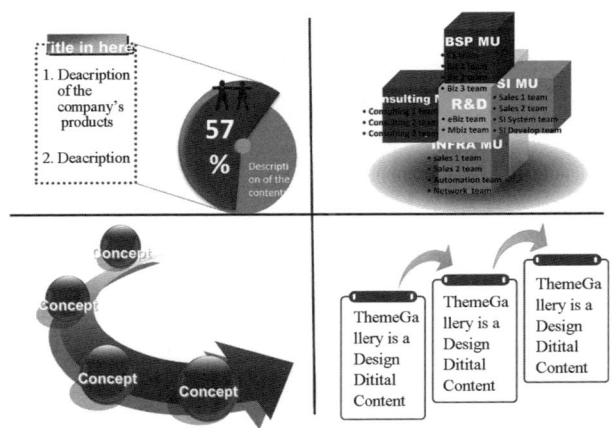

图 10-5 京东课程开发图形模板

引导式的开发过程

有了上述的开发工具,剩下的就是用引导的方式,带领专家们循序渐进地萃取、挖掘、开发。过程包括五步:

（1）框定内容范围、划清边界；

（2）确定课程主题；

（3）确定课程学习目标；

（4）确定内容大纲和结构；

（5）设计教学活动。

这五个步骤基本上是按照"引导师输入方法"，以"举例＋课题小组成员研讨共创＋全体开发者共同评审"的流程来操作，完成一个部分，再进入下一个部分，逐步递进。

前五步的内容框架完成后，各个小组就分头编写PPT。专家们通常都是彻夜工作，力求快速完成。

将编写好的PPT汇总后，就可以进行集体评审。通常，同一批开发的课程都是某一个领域的内容，大家都能发表专业意见。因此，全体开发专家共同对所有课程进行评审。

采用这种方式，任何专业岗位的课程开发都变得快捷而轻松，大量接地气、充满干货的课程就产生了。

京东大学鼓励专家只说干货和方法，不要太多枯燥的理论。最理想的方式是，将专家自己的经验提炼成工具、表单、下拉菜单，任何没有经验的学员一看就会，马上就能找到所需使用的方法。去除了繁文缛节和大道理后，开发出来的课程篇幅都不长，大部分都在2小时以内。

内容设计　碎片化且有针对性

京东大学对于微课程的另外一个理解，是碎片化。

在京东这样的公司里，有众多的岗位、人才高手，以及最佳实践。我们曾经想要先一口气画出一张大地图,但这非常困难。因为没办法一下子就看清全貌,而且过程中一直会有变动。所以,我们放弃了心中的"执念",决定先实践起来。

拥抱碎片化的知识

一门 2 个小时的课堂学习、一页文档、一张包含了知识点的图,只要能够有效地传递知识,任何形式都是在进行有效学习,都是"微课程"。越简单、越精悍,我们越鼓励,因为员工的学习时间太宝贵了。哪怕只有 2 分钟,但学员在这 2 分钟内吸收了有用的内容,有所感悟和收获,这 2 分钟就是成功的微课程。

全民创造,随时捕捉

大量碎片化的知识,完全靠培训部门创造是不可能的,必须依靠全员,发动粉丝。

因此,京东大学抓住所有的机会创造碎片化的知识。在培训班上,请优秀学员分享个人成功经验,随手就写成案例;看到有人获得表彰,就请他来录制一段 8 分钟视频,讲述心得体会;听说某位员工很厉害,就去挖掘他的绝招,请其提供一些工具模板;甚至某位领导的一次重要讲话或一封有意义的邮件,都会变成学习素材。

知识的创造者可以是业务专家,也可以是管理者,更可以是一线的配送员。例如,京东大学曾经发起过"酷手快拍"的活动,请一线配送站的员工用手机或者简易 DV 拍下站点一天的管理和工作;研发部门的某个项目经理,可以把团队的敏捷工作模式拍成视频,或者提供照片,分享给全员。这些学习内容简单、有趣、接地气,人气很高。

通过全民创造、随时捕捉的方式,大量的碎片化而精彩的学习内容云集到了京东大学的平台上。

▢ 碎得有态度

碎并不代表杂乱,更不代表低值。恰恰相反,只有那种短小却有干货,直击一个工作中具体痛点的碎片化知识才最受员工的欢迎。京东大学提炼出一套方法,用简单四步就可以很快将一名专家身上的最佳实践经验萃取出来(见图 10-6)。

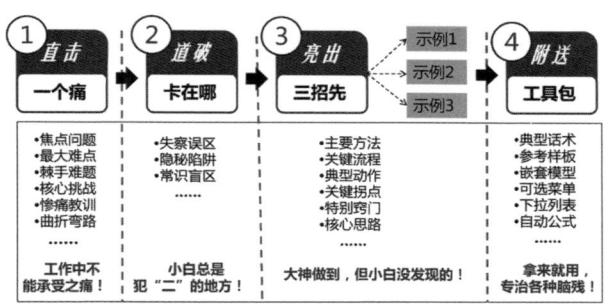

图 10-6 萃取最佳实践经验的步骤

▢ 百川归海,体系终成

这些碎片化的积累,过程中或许看似无序,但是到了一定阶段时,量变就会引起质变。迄今为止,京东的重点岗位分布脉络已经浮出水面,很多核心岗位的学习地图也已勾勒成形,包括一些细碎的案例、最佳实践和视频。这些内容都是边产生、边运用、边积累而得到的,都是经过检验的"真金白银"。

今天,京东大学已经拥有覆盖 30 个以上关键岗位的 300 多门核心专业课程,覆盖各层级和群体的160门领导力课程和100门通用课程,700门e-Learning课程,2600个视频……这些都不是终点,还有大量的微学习内容正在路上。

这是一个真正的黄金时代,每天都有新鲜的概念和词汇涌现,但是很快又会转瞬即逝。每个人的大脑都被大量的信息和知识所占据,有可能铭记,也有可能遗忘。

未来,企业培训人已经不可能只用精耕细作的方式去创造一套套学习内容。随时随地、快速精准地提炼、传播、沉淀微课程、微知识,才是制胜之道。我们培训人有责任用最快的速度、最简洁的呈现方式,将大量最有价值的学习内容推送到学员面前,为其提供海量的选择,创造更多自主选择的学习机会。

中信银行信用卡中心:微课开发的"三板斧"

姚敦隽(中信银行信用卡中心)

随着业务和产品的快速迭代更新,学员学习方式的转变,中信银行信用卡中心的传统课程开发受到了巨大的挑战:复杂的开发方法给开发者带来了难度;研发周期长,很难快速响应业务需求;面授时间太长,授课讲师压力大……传统面授课程显得过于"厚重",已经不能满足当前组织学习和员工发展的需要。如何应对这种变化,就成为中信银行信用卡中心当前课程开发必须解决的问题。

微课：唯快不破

2014年，针对公司战略转型对业务发展的需要，中信银行卡中心结合碎片化学习、移动化学习的发展趋势，在过往课程开发的经验上，创新了微课开发方法。我们开始在销售、市场、风险、产品等核心业务条线上进行微课的开发和应用。

我们认为，微课主题明确、内容聚焦、简洁明快、便于传播，更加适应碎片化学习和移动化学习，可以完美地补缺传统面授课程的"死角"。因此，"快成、快学、快用"成为中信银行卡中心微课开发的"三板斧"，也是我们所理解的微课实践要义。

- 快成：一门微课聚焦一个微主题，2～5天即可快速产出微课；
- 快学：每门微课30分钟之内，可利用晨会/夕会等时间快速组织学习；
- 快用：直接取材于并嵌入到具体产品、业务之中，便于即学即用。

通过这"三板斧"的使用，课程开发变得更"快捷"，开发者再也不用埋头苦干一个多月；学习也变得更"简单"，讲师教起来更"容易"，让学员学起来更"轻松"……

敏捷开发，轻松学习

经过前期对微课开发的技术和方法研究，我们将微课运用到多个课程开发项目，重点支持到一线核心业务发展。以下是2014年电话销售核心业务微课开发项目实践案例：

□ **快成,"短平快"敏捷开发**

微课首要特点就是"快","用微课教微课,在微课中学做微课"。通过核心知识点拆解、标准套路开发,将传统面授课程开发的一个多月缩短为微课开发的 2~5 天,实现微课的"短平快"敏捷开发。

在 2014 年中信银行信用卡中心电话销售核心业务系列微课开发项目中,19 人的课程开发团队通过 3 天 2 晚的奋战,11 门汇集电销 topsales(顶级销售员)的实战经验和智慧的微课就破茧而出。

首先,开发团队结合电话销售坐席人员的线上作业特点,根据布罗姆教学目标分类,通过拆知识、拆技能、拆问题,找到了如何做电视购物和专业顾问型销售等 11 个微主题(见表 10-1)。

表 10-1 电销系列微课开发逻辑

序号	"引人入胜"的微课题	"枪枪命中"的微主题	"短小精悍"的微培训
1	如何成为电视购物型 TOPSALES	创收团队两类 TOPSALES 的修炼	微课 30 分钟以内,晨夕会等碎片化时间学习,不占用电销坐席人员宝贵线上作业时间
2	如何成为专业顾问型 TOPSALES		
3	开场 30 秒,让你走不了	AJ 客户开场 30 秒	
4	牵着你的手,让你跟我走	AJ 客户产品介绍	
5	让你爱上我,奔向幸福路	AJ 客户成单促成	
……			

然后,针对电销产能贡献最大核心业务与技能(如何吸引、说服客户等技能),萃取 TOPSALES 的经验和智慧,将销售技巧步骤

化，形成微课内容。

□ 快学，"碎片化时间"轻松学习

利用晨夕会等碎片化时间，我们将每门课限制在30分钟（每门课程8～10张胶片）内，不占用电销坐席人员宝贵的线上作业时间。同时，运用通俗、直观的微呈现，以员工真实的工作场景作为呈现形式，直接吸引学员，让他们轻松学习。

微课程以80、90后员工视角，对微课进行巧妙的设计和包装，使之富有个性、活泼生动，进而点燃学员的兴趣点。

□ 快用，"现学现用"简单学习

一个微课仅聚焦一个微主题，能帮助学员直接切入具体业务、流程或产品。快用，即"做什么，学什么，用什么"。微教学不仅生动、快捷，我们还会现场实时检验教学效果，实现微课的现学现用。以"让你爱上我，奔向幸福路"微课为例（见图10-7），我们细化了"做什么，学什么，用什么"的步骤，让学员迅速掌握技巧。

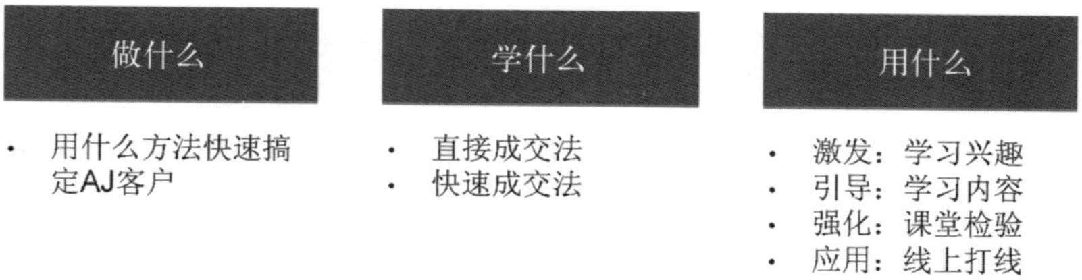

做什么	学什么	用什么
· 用什么方法快速搞定AJ客户	· 直接成交法 · 快速成交法	· 激发：学习兴趣 · 引导：学习内容 · 强化：课堂检验 · 应用：线上打线

图10-7 "让你爱上我，奔向幸福路"的微课开发

微课运营：搭台唱戏

通过多个微课开发项目，中信银行卡中心从微课开发机制、方法、支撑平台等三个方面来运营微课。

▢ 优化微课运营机制

从制度、流程、激励上不断优化微课运营机制。

制度上，为了在制度上进一步规范微课管理，2014年对《中信银行卡中心课程开发管理细则》进行修订，首次将微课（包含线上及线下微课）纳入整个课程管理范畴，并将微课作为卡中心课程类别的一级分类（与面授课程、电子课程同级）列入课程体系。

流程上，除了微课开发方法之外，对微课评审及交付环节进行简化，重新设计、优化微课验收标准和认证标准。

激励上，除了课程开发补贴之外（通过评审验收的微课800～1500元/门），微课开发数量和质量可直接作为员工职级评定、员工绩效、内训师讲师晋级的加分项。

▢ 培养微课开发人才

中信银行卡中心结合微课开发实践，沉淀出一套微课开发方法论，研发出"'微'力无边：微课开发"课程，来辅导微课开发和培养微课开发人才。

区别于卡中心"快准狠：五步搞定课程开发"课程，"用微课教微课，用微课做微课"是这门课程的最大特点，通过五个微主题、五个微课程、十余个标准工具表单，与微课开发流程标准、组织标准

(微课开发 teamwork)进行联结,在实现微课敏捷开发的过程中,培养卡中心的内部微课开发人才。

☐ 搭建线上线下平台

通过线下平台和线上平台的结合,线下利用晨夕会的碎片化时间进行微课程面授,线上则组建"信学团",鼓励学员利用微信学习。这样可以将移动终端、网络学院与面授教学有效地整合,搭建微课学习平台,最大发挥微课的效用。

固定套路:降低开发难度

按照传统套路开发微课,时间周期长,对开发者要求高。为了加快开发速度,我们认为需要降低开发难度。因此,中信银行卡中心针对需求量最大的三类业务课程,设计出三套微课开发的标准套路——KFC(技能类)、CRH(产品类)、RPC(风险类)。

☐ KFC:三个层次设计技能类微课

技能类微课开发套路分为激发(K)、引导(F)、强化(C)三个教学设计层次,通过标准化的教学设计工具,就可以实现技能类微课的快速产出。

以"让你爱上我,奔向幸福路:AJ客户的有效引导"微课为例(见表10-2),这门课时长不到30分钟,4张核心胶片,快捷的教学设计既满足核心技能学习,又符合成人学习逻辑。

表 10-2　技能类微课开发 KFC 套路范例

微课主题	时间	Kindle（激发）	Faciltate（引导）	Consolldate（强化）
让你爱上我，奔向幸福路：AJ 客户的有效引导	30 分钟	提问：要征服我们的客户有哪些招数呢？	• 提问：请问学员，想要快速成交，第一时间引爆成交信号弹，大家会用哪些招数？ • 提问：促成的时候最重要的是什么？ • 案例：商场买衣服时候，售货员的促单技巧——你是刷卡还是现金？	总结：角色演练

首先，通过提问激发学员兴趣，如激发学员思考"要征服我们的客户有哪些招数呢"；然后，利用提问与案例引导学员掌握快速成交的方法，如启发学员思索"促成的技巧有哪些"，并以商场里售货员的促单技巧为例，进行深入剖析；最后通过角色扮演总结强化。

▢ CRH：以客户需求为中心来开发产品类微课

在企业中，除了技能类微课，还有很多新产品需要员工了解，尤其是近年来，随着银行业竞争的加剧，新产品的重要性日益凸显。为此，我们用微课的快速、灵活，开发了模块化的系列微课，辅助业务部门新产品的推广。

以产品类微课讲解为例，首先聚焦目标客户（Clients），找到客户的真正需求（Requirements），通过 SCQA（情境—冲突—问题—答案），突出客户"痛点"，从而凸显出产品亮点（Highlights），用

5W1H(Why,what,who,when,where,how)法,为客户创造愿景。

目前,我们已经将这种模式进行制度化,在卡中心每月会进行重点新产品、新业务上线的例行需求收集,通过标准化的产品类微课开发套路,主动贴近业务,降低业务部门课程开发难度,甚至主动配套相关课程开发资源,确保产品类微课与新产品、新业务上线,在时间和空间上能够无缝链接,即新产品、新业务发布当日,卡中心的销售人员能第一时间掌握应知应会,并快速作业。

□ **RPC:基于案例复盘开发风险类微课**

银行是经营风险的,尤其是信用卡行业。风险作为卡中心的三大核心业务之一,风险类微课的需求量也最大。因此,我们也总结出了一套适合风险条线业务需求的微课讲解套路——RPC。

风险类微课往往离不开真实案例的分析,通过大量案例复盘,萃取出各种不同风险识别与防范的知识,做成微课;通过组织员工对微课的学习,促进知识共享和应用,提高员工对风险的认识和防范技巧。为此,我们首先通过高危害事件的描述(Risk),设定好学习的场景;其次,通过对高概率事件(Probability)的分析,强调危害的严重性,加深学员印象,引发重视,并运用5W1H法,将琐碎的知识点串成故事,加强记忆;最后,给出检查表(Check List),通过复查,使学员能够有效识别并规避风险。

开发模式:"1+X"

为了加速微课开发效率,我们采用了"1+X"的团队合作式微课开发模式,即在一个微课开发团队中,由1名固定的教学研发师掌握微课程开发工具、方法,然后选择 1~2 名业务领域的内容专家加入进来。

其中,教学研发师侧重方法输入,关键在于培养其课程开发能力,并循环使用;内容专家侧重内容输入,萃取其业务领域的经验和智慧。这样能有效地融合内容专家教学研发师的优势,使得微课既贴业务又接地气。

微课开发成果与心得

经过探索与努力,以下是 2014 年中信银行信用卡中心微课开发成绩单:

- 2~3 天开发一门微课,线上及线下微课已超过 150 门;
- 覆盖销售、市场、风险、产品等核心业务部门,更多的业务部门主动提出课程开发需求;
- 8000 多名员工参与学习;
- 非工作时间学习超过 30000 小时;
- 在企业重点业务、战略转型等项目中,随处可见微课的身影……

尽管取得了一定成绩,但我们仍在思索并寻求突破:能不能把课程时间再压缩一点?能不能不在工作时间培训?课程能不能更加接地气,直接给干货?……毫无疑问,这些都是企业和员工对学习发展部门"不变"的需求,我们能做的就是以"变化"去迎接挑战。其中,微课开发,大有可为。

通过对整个开发流程进行标准化设计,持之以恒地推动"直接产生绩效"的微课开发,以线下碎片化培训和线上微信学习相结合的场景应用,快速嵌入到业务及一线工作中,直接驱动绩效提升。

新奥大学:工作辅助式微课助力员工发展

张　昆(新奥大学)

在新奥集团向"互联网+"转型与变革的时期,员工发展无疑是中流砥柱之一,但现实生活中,员工发展面临诸多挑战:

■ 员工遇到专业知识、技能问题时,解决途径少、时间长:现在,当遇到问题时,大多数人只能选择上百度搜索,但搜到的基本上都是通用知识——能否建立一个完全符合新奥实际工作的知识库,当员工遇到问题时,可以随时搜索到有针对性的答案,从而快速解决问题?

■ 工作经验型知识往往掌握在个人手里,没有形成好的共享方式,一旦老员工离岗,部分知识就会流失;

■ "工学矛盾"突出,部分一线员工缺少面授培训的机会,甚至连电脑也没有,无法通过在线学习;

■ 越来越多的"90后"员工开始成为职场主力军,他们自主性、个性化强,希望学习更加立竿见影、好玩、有用,对现有的学习资源和活动"不感冒"。

为了应对上述挑战,我们认为,碎片化学习是员工发展最佳策略之一。企业需要一套方法,便于员工参与知识贡献,以短小有趣的方式呈现出来,并用员工喜欢的方式进行知识查询与学习。对此,微课(尤其是直接服务于员工工作、源自业务场景的工作辅助式微课)是理想的选择。工作辅助式微课除了具备微课"短小精悍"的特点之外,更重要的是,它们的内容来源于工作场景,更加"接地气",深受员工欢迎,应用转化率也更高。

在新奥集团,我们选择了两家成员企业进行试点,主要操作方式为:

激发草根成为知识创造主体

众所周知,员工学习最主要的途径源自在岗工作实践;同样,企业中的知识也主要存在于员工的头脑中。在当今时代,让少量专家来开发知识,之后再进行层层传播的方式,已经满足不了企业快速发展的需求。因此,要激发"民间高手"、"草根专家"的积极性,使其成为知识创造的主体,可以方便地提取自己的知识,快速传播工作诀窍、最佳实践。

在这方面,我们启动了企业内部"微课大赛",让全员参与进来,聚焦工作中的典型问题、痛点、难点,快速提供解决方案和优秀经验。在某家成员企业,参赛员工达70人,产生了79门微课。

聚焦工作中的重点、难点、热点

如果一门门微课就像一粒粒珍珠的话,要使其对员工发展、绩效提升发挥作用,就需要针对特定岗位、工作,形成一个个系列,最终形成一个完备、可灵活存取的知识体系,并动态调整。所以,必须对微课的开发进行规划、管理(或引导)。

但是,大家都知道罗马不是一天就能建成的。在实际建设微课体系的过程中，需要循序渐进，并本着"急用先行"的原则，聚焦当下业务中的重点、难点、热点。

□ **重点，即与战略和绩效结合最紧密的业务问题**

因为这些问题的重要性，解决这些问题可以直接支持到业务的运营，从而更容易得到业务部门的支持，也更具商业价值。比如，集团现在全面强化 OEM 灶具的销售，普及 OEM 的产品知识和销售技巧就成了业务中的重中之重。为此，我们与项目组共同开发相应的微课，得到员工的欢迎，在集团内快速传播，有力地促进了销售。

□ **难点，即业务中容易出现错误而影响绩效的部分**

例如，在加气站推行了一卡通之后，客户在加气时使用一卡通充气、缴费经常出现错误，导致较多的抱怨。为此，我们与业务部门合作，开发了"不会吧，没有 IC 卡也能加气"课程，帮助员工更有效地解决常见的问题。

□ **热点，即集团新产品或当下最热点的话题**

因为微课比较灵活，开发速度快，所以，可以紧跟集团或业务热点，回应员工关心的热门问题，既能补充正式课程或培训项目响应不及时的"空白"，也可更好地发挥微课的威力。

基于"互联网+"进行项目设计

在当今时代，移动学习已经成为企业学习体系不可或缺的重要组成部分，微课也会因为插上了移动的翅膀而发挥更大的作用。

为此,我们基于"互联网+"的思路,进行线上线下整合的学习项目设计与实施。

这方面的主要措施包括:

- 采取"众包"模式,让员工参与进来,发挥集体的智慧。因为微课开发工具简单易用,普通员工都可以开发微课,这也让"众包"成为可能。
- 因为微课内容聚焦,制作简单。在员工开发完成后,基于业务专家的评审意见,可以进行修改,实现快速迭代。
- 线上线上相结合(O2O)。因为线上与线下学习都有其独特的价值,将二者结合起来,各展所长,可以获得更佳的学习体验。为此,我们选取了部分主题,让员工先进行线上学习,之后参加线下的工作坊,与业务专家进行面对面地沟通,或者组织在线交流,形式多样,也大大减少了员工的差旅成本和沟通成本。
- 微课学习场景化。微课开发出来后,我们为每一门微课都生成了一个二维码,不光是通过APP和新奥大学官方微信来推广,也以更多的方式,如将二维码贴到设备上、做成推广手册、多媒体视频等,进行线上线下结合应用。由于我们的课程是基于场景去开发的,所以员工在相应的场景中去学习,转化率更高。

努力打造精品微课

基于外部的学习交流与实践探索,新奥大学形式了独特的"工作辅助型微课开发方法论",以"工作坊+教练"的方式来训练内部员工,使其在2天时间内完成微课程的设计与制作,开发出成品课程。

此外，为了减少微课开发的难度，提高微课成品质量，我们制作了3套不同风格的微课开发模板以及2000多个素材，让员工可以根据自己的选题风格选择相应的素材，更快速地制作出高质量的微课。

在试点企业的实施过程中，我们不断地进行复盘，完善项目实施方法论，目前已在试点企业中取得了很好的效果。

微课+移动，为白云机场培训变革插上双翼

万传才　尹红莲（白云机场）

严峻考验，让人有心无力

广州白云国际机场股份有限公司（以下简称"白云机场"）共有16个分子公司，各自负责机场运营管理、安全保障、配套服务等不同模块的工作，工作繁杂，且对安全、规范操作的要求极高。2015年，公司共有操作岗位900个，员工总数近13000人，其中新入职员工达1800人。

按照要求，公司对员工实行《上岗证》准入制度，平均每个岗位获得上岗资格的培训约需40学时（含理论学习、操作训练），并且每年都需要复训，以保持证书的有效性。这样，每年新入职员工考取《上岗证》、老员工复训的培训任务非常繁重，让各级培训机构喘不过气来。

特别是近年来，伴随着白云机场运行资源的日趋紧缺，员工休息时间、场地都非常紧张，想扩建教室、扩大内训师规模几无可能，

很多培训项目也难以按标准实施。对此,有些培训管理人员无奈地表示:如果没有新的突围对策,要保质保量地完成《上岗证》规定的培训任务,真是"心有余而力不足"。无奈的做法经常是笼统地上一个半天的大课,或者"一课多登"(上一个课,却分别登记成安全、服务、岗位技能等不同类别),可是员工到底学到了多少?谁也没有底。

面对日益严峻的挑战,应该如何应对?

突围的抉择——微课开发

经过再三权衡,结合我公司实际,我们决定采用"移动学习＋微课"的创新模式,闯出一条新路来。

我们决策的理由包括:

• 问卷普查显示,员工拥有智能手机率达89%以上,公司不必额外添置设备和场地以及相应的维保人员,项目即可上马,这是实施移动学习的基础。

• 越来越多的员工喜欢并习惯通过智能手机,利用碎片化时间,进行学习。

• 我公司与中国人民大学培训经理专业认证项目已连续合作三年,了解专业的培训理念与方法,同时在运用现代信息技术方面,可得到切实可行的建议。

从2015年4月酝酿,6月份建立"白云机场微学堂";7月份开始微课制作,截至当年12月底,我们共收获了999门微课,并全部上平台运行,取得了良好效果。

在企业学习变革的道路上,我们迈出了艰难而自豪的第一步。

微课开发三部曲

在如此短的时间里，收获了如此大的成果，是如何做到的呢？复盘整个过程，我们有三大体会，这也是实现移动学习的重要三部曲：

一、化繁为简，消除顾虑，用实践验证理念

首先，引入外脑，让公司的培训管理人员了解并认同"互联网＋混合培训模式"，并教会二级单位培训专员，梳理出了我公司混合培训运行模式的框架，让员工的线上自主学习、线下讨论、重点辅导、严格考试紧密结合起来，保障学习效果，也消除了大家对技术的顾虑，为大规模地开发微课奠定基础。

2015年4—6月，我们邀请刘宁老师给培训专员讲解微课原理，并带领学员一起做微课。微课开门见山、就事论事、简洁明了、立竿见影解决问题的风格，一下子就吸引了我们。四十多人积极投入开发自己的微课，微课一下子就"热"了起来——是的，无需什么宣传造势，只要把本岗位知识、技能开发一个微课，放给没见过的人看，秒变微课粉！

二、搭建平台，内部试点，星火燎原开发微课

根据公司统一部署，7月初成立了以安全副总经理、服务副总经理为组长的微课开发领导小组，成员包括安全监察部、运营提升部、人力资源部负责人，负责安全、服务以及岗位技能课程开发的领导工作。

同时，公司人力资源部成立了微课开发领导小组办公室，负责微课开发的全面组织与协调工作；各二级单位均成立本单位领导任组长的专用工作小组,负责各自的课程开发与组织、协调工作。

基于我公司实际工作,我们以上岗证课程为突破口,共分为安全类、服务类和岗位技能类三类。7月9日至8月31日,指挥中心、安检、物流以及空港快线等四家单位率先开展了微课开发试点工作,同时公司人力资源部组织制定微课类别、目录以及标准,并与各试点单位反复磋商、修改,以确保课程目录、标准等符合公司实际。

一开始,人力资源部要求试点单位每周一上午集中一次,报告一周成果并讨论开发微课过程中的困难。同时,给予试点单位手把手的指导,从课程设计、脚本撰写到 PPT 开发、MP4 转换,边学边练,直到开发人员能够独立做出一个完整微课为止。两周后,各单位均表示已完全知道如何开发微课,无需再集中讨论。

试点期间,共完成微课134个,覆盖40个岗位。与此同时,"白云机场微学堂"也投入运行。

8月26日下午,公司人力资源部主持举办了微课开发试点总结与全面铺开大会,及时总结、分享微课开发试点工作经验、教训,全面启动公司微课开发与运营工作。试点单位取得的成效,对未参加试点的12个单位产生了极大的冲击,他们纷纷表示一定要好好学习试点经验,开发好本单位的微课,并充分利用微学堂平台,让培训工作搭上互联网快车,从繁重的事务性授课中解脱出来。

三、长抓不懈,机制激励,微课开发成为日常工作

在微课开发全面铺开的同时,人力资源部专项报请公司领导为各单位的微课开发设置各种奖励机制,激发了全体员工参与的积极性。大家主动加班加点,争当半月冠军、月冠军、年冠军,形成了你追我赶、友好竞争的态势。

此外，我们搭建了"微课组长群"、"微课初审组"和"微课工作坊"等沟通社区，及时解决大家在微课开发过程中遇到的技术和质量问题，让微课开发不再困难。

四项实战经验

对于我们来说，微课开发是一个全新探索的过程，也是不断积累经验的过程。一方面，要积极实践，不拘一格；另一方面，也要不断总结，复制经验，大大提升效率和质量。

一、流程课程按步走，技能课程分解做

我们认为，流程类微课和技能类微课各有特点，因此开发、制作和运用也有差异。例如，动力场道部林佩祯在制作供水管抢修技能的微课中，开场时先说明了新机场供水管的管材和腐蚀情况，并配一张简图，然后强调该技能的重要性。随后，对主题进行动作分解，并详细说明每个动作。如果是流程类微课，直接按《岗位手册》上的流程步骤分解，再加以说明即可；如果是技能微课，则要根据自己的理解进行动作分解，尽可能把知识点讲透彻。

例如，林佩祯在供水管抢修技能微课中，把抢修技巧分解成：挖、磨、夹、换、试、填 6 个动作；而在自动化操作台操作技能微课中，按照操作系统已有的设置和特点分解成：系统状态、数据查询、报警信息、加氯间、系统管理 5 个类别。

二、实践当中出微课，一线经验是真经

航空物流服务分公司国际业务部的刘李华参与开发微课时，正值进口操作室进行转场，各岗位操作流程都因为场地的变动发生了一些变化，分拣岗也不例外。刘李华和主任商量，借此机会按

照新仓库库位,把岗位操作流程做出一些改变。

他们发动集体力量,让业务员在每天班前班后会中提出一些对现在流程改变的建议。对于存在的隐患做好预防,不必要的流程进行简化,争取总结出最科学有效的操作流程。拿到这些第一手资源,一门名为《分拣岗操作流程》的微课诞生了!

三、逻辑思路要理清,平易近人讲实用

林佩祯对制作开发微课颇有体会,她认为"短小精干"是微课最为重要的核心,而在内容简洁、完整的基础上,尤其要理清思路,分清主次,讲求逻辑性和条理性。在制作微课《驱鸟煤气炮故障检修》时,她按照故障"逐步排查"的逻辑,讲述了煤气炮每一个重要配件的功能及故障判定。课程逻辑清晰,步骤明了,一看就懂。

她还分享体会说:制作微课时,不仅要想"我想让他知道什么",而且要换位思考,想"如果我是他,又想知道什么"。比如,她在制作微课《飞行区常见昆虫的简单分类》时,从学员角度出发,认为大家想知道的显然是"我怎样能够一眼分辨出这是什么虫子",因此,她的微课只对常见昆虫进行二级分类,以图片加文字概述的方式,点明该类昆虫肉眼能辨识的主要特征。这样,课件既"平易近人",又可以保持完整性,从而提升学员的学习效益。

四、模板总结再推广,制作规范又高效

航空物流服务分公司国内业务部的吴嘉慧认为,自己部门的微课团队之所以能够与时俱进,掌握技术,创造出好战绩,经验有如下三方面:第一,新老搭配,干活不累。他们从部门300多人里面挑出优秀骨干,既有技术能力强的年轻人,也有见多识广、经验丰富的"老将",通过调班,使他们脱岗专心开发微课件。第二,百里挑一,选出模板。在前期众多课件开发成果中,挑选相对完美且有共性的课件，将其进一步完善，形成模板，推广开来。这样制作出的微课，既有统一规范，避免水平和风格的参差不齐，又能够大大提高制作速度。第三，集体作战，各展所长。微课虽小，但也是"综合艺术"，涉及设计、构思、编剧、制作及后期等各项工作。在团队中，他们分工合作，不仅微课的整体水平很高，而且每个人都找到自己的位置，各自施展自己的特长，一举两得。

吹响企业培训革命的号角

截止到2015年年底，"白云机场微学堂"平台上已有微课999门，远远高于公司的预期目标。同时，微课也受到了广大员工的欢迎。2016年1至6月份，员工总学习次数达4.5万次。

同时，我公司的微课也在行业内有了一点小名气：民航内部院校、兄弟机场等均对微课项目表现出极大的兴趣。院校方表示：教育部已经出台政策，将承认在校学生电子化学习的学分，愿意和我们一起找到合作的办法。

2016年，我们的微课开发仍在热火朝天地继续着，同时做到了边开发、边运营，实现了微课开发、技能学习、业绩提升浑然一体，在快课网和人大培训经理专业认证项目的全程帮助下，我们有信心取得更加辉煌的成果，为进一步提高白云机场员工的工作效能贡献力量。

微课开发：为医务人员"减负"，为患者"增服"

郭瑞英（山西省儿童医院　妇幼保健院成长学院）

医疗行业是一个相对特殊的行业，无论医学知识还是检查、治疗手段，更新速度都非常快，这也决定了学习在医院是最常见的一个工作行为。但是，很长时间以来，医院的"业务学习"似乎都自成体系、一成不变，风靡培训界的在线学习、行动学习、翻转课堂等新培训模式，在医疗界也难觅踪影，医院最常见的学习方式依然是组织讲授大课。

但是，传统模式的局限性以及信息技术的飞速发展，都让我们感到有必要探索新的学习模式。在接触了"微学习"、"微课程"等学习理念之后，我们认为，无论是医务人员，还是患者（患儿家长），都非常适合这一创新学习模式。

▢ 医务人员的工作特点决定了适合采用"微课"学习模式

众所周知，医务人员工作忙，压力大，上班时间没有规律，大部分人都常年倒班。在山西省儿童医院，医生出门诊时，往往一上午要看40个病人，平均每个人只有6分钟。所以，医务人员很难有大块儿时间用于脱岗学习，在医院组织线下培训，永远不可能让所有该学的人都到现场培训。

相反，微课短小精悍、内容精炼聚焦、适合移动学习等特点，使学习更加便捷、高效，是特别适合医务人员工作特点的一种学习方式。

☐ **微课可更好地服务于患者（患儿家长）**

在移动互联网已广泛普及的今天，各个医院都纷纷推出了微信预约挂号、查询、缴费等服务功能，尤其来儿童医院、妇幼保健院就诊的孕产妇、儿童家长，大部分都是年轻人，更是习惯使用手机上网。如果把一些常用的疾病知识、用药方法、护理常识、就医导航等内容做成微课程，患者就可通过医院的微信公众平台获得指导，也可以在就诊时通过扫描二维码获取有针对性的健康资讯。

因此，对于患者（患儿家长）来说，微课不仅可以节省就诊时间，提高医患沟通的有效性，减轻医务人员的重复工作，还能让患者随时随地反复观看，也是改善服务的一种创新。

因此，自 2015 年开始，山西省儿童医院（妇幼保健院）成长学院在医疗行业中率先组织微课开发，致力于探索医疗机构学习理念的创新和学习模式的变革。

微课开发：六个关键做法

要让"微课"贴近医务人员和患者，我们认为，开发微课不能靠培训部门单打独斗，必须要搞成"群众运动"。尤其是医疗知识有其极强的专业性，更是需要发动大量一线的医务人员一起参加才可以完成。为此，成长学院在微课开发中将自己定位为项目发起者、引领者、资源整合者、组织实施者。我们的做法主要归纳为 6 条：初期尝试、获得支持、专家指导、持续跟进、分工合作、借力大赛。

☐ **初期尝试**

2015 年 4 月，我们初次接触到"微课"的理念之后，感觉到其在医疗领域有很广泛的应用价值。于是，5月初，成长学院就组织了一个微课创新开发小组，有7~8位成员，大部分都是来自临床一线的医务人员。她们在理解了微课的理念之后，也非常认可微课的价值与微学习模式，在做微课这件事上可谓"志同道合"。

平时，小组成员分头在家、在科室抽空做微课，每周固定一天下班后集中活动，大家共同学习、讨论、展示、点评，互相帮助，互相启发。一个多月后，微课创新小组就做出了几门微课，虽然"质量"很初级，但大家看到了成果很高兴，更重要的是，证明了靠一线人员是可以开发微课的，这对今后组织更多人开发微课增添了信心。

❑ 获得支持

要想开发出大量成体系的微课，仅靠7~8个人是不够的，需要获得各利益关系方的支持和配合，其中最重要的是医院领导和临床科室医务人员。

（1）获得医院领导支持

院领导最关注的是项目可以给医院带来哪些价值。按照组织学习专家邱昭良博士的观点，打造轻型学习系统，碎片化和体系化结合、线上和线下结合，这种混合式的学习模式，将是未来组织学习的标准配置。为此，我们认为，对于医院，微课的价值体现在如下两方面：

- 微课可以作为线下培训的补充，丰富在线学习资源、节约医院人员宝贵的时间，提高培训的效果；
- 微课可以作为改善就医服务的手段，把微课放在医院官网、微信公众平台，以及自助机上，或者在患者候诊区域循环播放，供患者阅读，或者通过微信有针对性地推送给患者，这些都是顺应孕产妇及儿童家长使用习惯的健康教育服务模式。

（2）获得临床科室医务人员支持

对于医务人员而言，微课一方面可以减少医生出诊时和患者沟通的时间，提高沟通的效率，提升患者满意度；另一方面，可以使医生的服务内容在更大的空间、更多的时间、更广的人群中获得传播，提升医生和医院的知名度和信任度。

正是因为得到了临床科室和医务人员的支持，虽然大家工作很忙，但仍然在较短时间内做出了大量微课。我们的做法是，以科室为单位，围绕病人的需求，列出待开发的微课题目，不仅体量大，可以快速见到成效，而且解决了一线工作迫切的需求。

□ **专家指导**

为了提高微课制作的专业水平，我们邀请企业微课大赛导师到医院授课，对骨干人员进行微课设计和制作辅导，进行实操练习，让大家对微课有了一个相对系统化的了解，同时也明白制作微课并非想象中那么难，只要确定好选题、有了内容，利用常见的PPT，就能做出微课来。两天的课程后，大家基本上都能作出一门简单的微课。这使全院掀起了制作微课的浪潮。

此外，我们聘请组织学习专家邱昭良博士、中国人民大学继续教育学院刘宁老师协助我们梳理微课体系，让内部微课开发更有体系，碎而不乱。

□ **持续跟进**

集中辅导之后，如果不持续跟进，很可能又陷入"课上激动，下课心动，回去不动"的老路上去。为此，我们每周组织医务人员进行微课制作的专题活动。

每次活动分为两部分：先是利用10～20分钟的时间，带领学员集体回顾微课设计与制作的核心要点，比如微课如何定选题、定目标、定内容、定结构、定创意、定形式，及微课开发的七个步骤，等等。接下来，共同分享大家完成的教学设计、脚本以及微课作品，逐一进行讨论和评价。微课作品的集中观摩和点评，不仅有效地提高了大家制作微课的能力，也保障了持续开发微课的积极性。

同时，成长学院还开发了三门"导航类微课"，其中一门介绍了微课的价值，让初次接触微课的人产生动手的兴趣；另外两门介绍微课怎么用、怎么做、谁来做等问题，让大家心中有数。

在整个过程中，成长学院对微课开发小组、个人提供全方位的支持，并组织"技术高手"开发工具包和素材包，制作统一的片头、片尾，方便大家使用。给力的支持极大地降低了微课制作的难度。

❑ 分工合作

考虑到每个员工有不同的专长和技能，我们将微课开发看作是一个众包的过程，以小组为单位进行开发，以发挥每位成员的特长。一般来说，医生们是内容专家，主要由她们出核心内容、初步ppt，然后由擅长软件工具使用的专门小组，对PPT课件进行美化、制作，这样不仅进一步降低了微课开发的难度，也提高了效率、确保了质量。

❑ 借力大赛

有一句谚语说得好："如果你想走得快，你就一个人走；如果你想走得远，你就要和团队一起走"。在我们推动微课的过程中，为了让大家能走得更远一些，我们抓住了首届中国企业微课大赛的机会，鼓励学员提交参赛作品，激发大家的荣誉感和紧迫感。因为大赛有明确的进程安排，这样能有效保证微课开发的进度。

特别值得一提的是，当选手进入复赛之后，大赛组委会为每位选手指派了微课制作的专业导师，导师们在线上对选手进行一对一的专业辅导，使得参赛人员的作品能够持续获得更大的提升。

未来：加大数量，构建体系

经过 2015 年的探索，我们开发了数百门微课，并在"云学堂杯·首届中国企业微课大赛"上收获颇丰：共提交 149 门微课作品，有 12 个学员的作品获得 6 个类型的提名奖，其中 1 人获得"最佳教学设计奖"；在参赛的几百家企业中，荣获"最佳组织奖"，并受邀在大会进行经验分享。

与此同时，越来越多的医务人员尝到了微课的"甜头"，积极参与到微课开发的队伍中来。我们会细化、优化微课内容体系，让内部微课开发有序推进；同时，明确、完善微课运营体系，明确分工、职责，持续维持动力与热情；并计划搭建基于微信、学习管理系统的微课技术平台，让微课发挥更大的作用，并辐射、带动省内乃至医疗行业的学习变革。

结束语　微课，等你来实践

微课没有什么高深莫测的理论，甚至可能连基本的教学设计原理都不需要（当然，如果你想成为这方面的专家，可能还是要学习一下）。但是，微课一定离不开实践。如果你从来没有动手制作过微课，不管你知道多少关于微课的知识，都不代表你真正了解微课，因为微课作为新兴事物，现在还没有公认的定义，也没有标准，更没有金科玉律，一切都在探索、实践、总结、改进。

一句话，微课是一门实践性很强的技能，有科学的成分，更是一门手艺。唯有学习、实践、总结、再学习，才能为我所用。

本书中所有的结论、经验或建议，我们都以开放的心态对待它们，随时准备接受实践的检验、补充和修正。

我们也希望你能以同样的心态来读这本书，并参与到共创的队伍中来！

成为微课达人的方程式：$L=f(a,b,c)$

有人曾说：微课领域无专家。的确，在某种程度上，这句话是对的，因为微课作为一种新生事物，虽然基本的教学设计与课程开发原理在一定程度上适用，但它毕竟有其特殊性，不能照搬照抄过去面授或 e-Learning 开发经验。因此，在一段时间内，大家对微课认识不一、缺乏标准、观点众说纷纭、打法千差万别，都是必然的。

但是，在我看来，随着人们对微课的研究与实践日益增多，虽然微课的发展可能会经历一些曲折，甚至是大浪淘沙，但一些内在规律和最佳实践会逐渐显现，出现真正的专家。

那么，大家都在摸索，谁会脱颖而出、成为真正的专家呢？有哪些影响或决定因素吗？

我个人总结出了下列公式，可供参考：$L=f(a,b,c)$

☐ **L — learning（学习）**

毫无疑问，专家不是吹出来的，而是靠学习形成的。我这里所称的学习，不只是上课、看书、思考，更重要的是实战、练习，强调的是研究与实践的循环迭代，因为微课毕竟是一门实践性很强的学问，有很多诀窍或经验在里面。

☐ **A — aspiration（热情）**

如上所述，如果我们看重微课的价值，认为其是大势所趋，对其充满热情，你就会投入更多时间和精力去学习、实践，从而提高你的技艺、收获更多心得。这是学习微课不可或缺的元素。

☐ **B — knowledge-base（知识基础）**

按照社会建构主义的观点，学习是个人主动地获取新的信息，基于自己的知识基础，对其进行解读、理解、分析与应用的建构过程。因此，有没有良好的知识基础也是影响个人学习力的重要因素。

事实上,有专家认为,新手与专家最大的区别在于知识基础的差异,正如中国俗话所说:内行看门道,外行看热闹。如果没有坚实而合理的知识基础,只是一味地练习,可能造就一个手艺人(或工匠),但很难成为真正的大家。在我看来,与微课相关的知识基础包括对成人学习的理解、对教学设计原理的认识、对互联网的认识,以及开放创新、探索精神、必备的科学研究能力。

❑ C — capacity(方法)

有了热情,具备了一定知识基础,剩下的就要靠大量的实践和研究,这里面主要是下苦功夫、拼毅力,也有诀窍和方法,需要"苦干"+"巧干"。

综上所述,微课作为新生事物,既是大势所趋,大家也都站在同一起跑线上,谁能脱颖而出、抢占先机,并笑到最后?我相信,答案就写在我们每个人的心中和手上。

附 录

微课教学设计模板

以下模板(表A-1)由中国人民大学继续教育学院刘宁老师设计,在"培训经理培训"项目与企业微课大赛中被广泛使用,可供大家参考。

表A-1 微课教学设计模板

课程分类	请参照课程分类	请参照一级目录	撰写人	真实姓名
课程题目	此处填写课程标题		撰写日期	以YYYY-MM-DD格式
学员说明	描述学员所在岗位、对学员工作经验和学习经验的假设等。			
设计说明	对讲解逻辑、呈现形式等的设计要点说明;讲解逻辑推荐参考"库伯学习圈"原理,《交互式培训》五步法、《金字塔原理》等;呈现形式可采用PPT+画外音,PPT+"现场讲解",视频现场拍摄等。			

续 表

课程分类	请参照课程分类	请参照一级目录	撰写人	真实姓名
学习目标 why	使用如下句式开始—— 学员在学习该课程后能够： 每门微课通常只有一个学习目标，在撰写学习目标时，应符合 ABCD 原则（可见范例）			
内容要点 what	➢逐一列出本课程的讲解要点，并尽量保证内容的"可靠性"； ➢对于知识性内容，需来源于正式出版物或来源于 wiki、专业网站等； ➢对于技能性内容，需经过实践检验，并验证描述与实际技能运用过程是否一致； ➢对于网络搜索获得的内容，应至少比对三个以上来源信息，并予以注明； ➢对于个人经验性内容，可在讲解时加以说明，如"我的经验是……"			
参考资料				
列出本课程设计过程中使用的参考资料； 应注明作者、参考资料名称、出版（发布）来源等信息； 请注意：如你的内容有 60% 与原作重叠，即可能构成侵权，因此在运用参考资料时应注意避免知识产权纠纷。				
课前/课后测试或练习				
包括前测、后测、练习等，每门课程至少应有其中一种配套内容； ➢测试题目可以包括：填空题、判断题、单选题、多选题、问答题等，应以客观题为主； ➢练习通常指：使用课程中讲解内容进行实际操作或案例分析、判断等； ➢操作类测试或练习，应提供应用方式及考核要点建议。				

使用说明：

1. 在开始制作课程脚本和 PPT 之前，必须先完成本设计内容。
2. 红色字为模板使用说明，请替换为需要填写的内容或予以删除。
3. 本文件填写完成后，可使用"课程名称＋教学设计－作者姓名"的格式命名。
4. 填写前可参照范例文件："ABCD 法撰写学习目标"内容讲解设计（见表 A-2）。
5. 课程分类：通用类、管理类、专业类、品牌文化类。
6. 此处为课程标题教学设计。

范例："ABCD 法撰写学习目标"内容讲解设计

表 A-2　微课内容设计范例

课程分类	专业选修		专业知识	撰写人	李佳佳
课程题目	ABCD 法撰写学习目标			撰写日期	2014-07-23
学员说明	1. 参加培训经理网络学院学习的学员； 2. 有一年的培训工作经历； 3. 对学习目标的作用有基本的认知。				
学习目标 why	学员在学习该课程后能够：运用 ABCD 法撰写学习目标 ➢复述 ABCD 法撰写学习目标的组成部分 ➢练习用 ABCD 法写作学习目标				
设计说明	■ 呈现使用 PPT＋画外音解说的方式。 ■ 课程 PPT 的制作，考虑成人学习特征，尽可能使用图像进行演示。 ■ 课程开头提出利用 ABCD 法撰写的学习目标案例，通过讲解逐步拆解该案例，帮助成人学习者理解并记忆 ABCD 法的组成要素。 ■ 课程结尾提出新案例，要求学习者分析 ABCD 法的各个组成部分，同时通过课后练习促进学习者知识迁移。 ■ 要求学习者利用 ABCD 法撰写学习目标，结合其已有经验，促进知识迁移。				
内容要点 what	1. 学习目标重要性： 学习目标的撰写对于教学系统设计来说非常重要，好的学习目标需要清晰、明确地说明学习者在经过培训以后可以做什么。 2. 举例用 ABCD 法撰写的学习目标。 3. 分析说明 ABCD： A—Audience 指的是受众，也就是学生、培训中的学习者。学习目标的施动者就是学生，因而在撰写学习目标时，受众应该是主语。 B—Behavior 是指行为。用行为来描述学生在接受培训之后可以做什么，可以说，行为是学习目标中的核心。常常用动词来描述行为，并且要注意的是，为了让学习目标易于被观察和测量，采用的动词最好是描述外显行为的，比如"解释"、"说明"、"给……下定义"等；"理解"、"感受"等比较抽象的动词是不合适的。				

续 表

课程分类	专业选修	专业知识	撰写人	李佳佳
C—Condition 即为条件。条件是指学生在发出行为时所处的情景、环境及使用的工具等,可以包括环境、设备、参考资料、人以及问题的明确程度等等。 D—Degree 指的是标准,也就是通过怎样的标准来评判学习者的行为是否合格。为了使得学习目标易于被观察和测量,需要对学习者行为的标准进行具体的描述。常常采用的标准包括准确度、速度、时间、距离、数量等等。 4. 通过一个实例进行练习。 5. 与梅格三部曲法对比: 梅格曾经提出过撰写学习目标的三部曲法,就是只含有"行为"、"条件"和"标准"三个要素的学习目标。ABCD 法正是在三部曲法的基础上添加了"对象"元素形成的。 6. 对讲解内容进行总结,提出对学员的鼓励与期望。					
参考资料					
[1] 乌美娜著;教学设计.北京市:高等教育出版社,1994. [2] Dick, W. (2005). The systematic design of instruction, Palo Alto, CA: Pearon Publishers.					
课前/课后练习					
课后练习: 1. 学员举例说明学习目标中的各组成部分。 (1) 办公室文员运用标准键盘,每分钟打字速度达到 80 字,没有任何错误。 (2) 送货司机在复杂路况下把轻型货车停到路边停车场,时间 3 分钟,倒车不超过 3 次。 (3) 培训主管为压力管理培训班的初级培训设计三条符合 ABCD 法的学习目标,使用《培训工作实务手册》,时间 30 分钟。 2. 学员利用 ABCD 法撰写某个培训课程的学习目标:企业内部使用时,可以 3~6 人组成小组,互相检查。					

微课脚本模板

表 A-3 是刘宁老师设计的微课脚本,供大家参考:

表 A-3 微课脚本模板

分类	课程分类——一级目录	撰写人	真实姓名	审核人
题目	课程题目	撰写日期	YYYY-MM-DD	审核日期
脚本说明	此处说明本课程的呈现形式、总时长、PPT 数量以及录制注意事项等内容 PPT 应选用指定模板进行制作			
此处以 PPT 页码进行编号	PPT 标题文字及主要内容	此处应写出解说词的全文,可包含"对话"内容,语气标注等 √ 每门课程录制完成后的时长应为 3～7 分钟,按照正常语速,每分钟可以讲 200 字 √ 解说词应避免使用长句、复合句及生涩词汇(如有,必须予以解释)、生僻字(请标注汉语拼音) √ 解说词应尽量简洁、口语化,需要时,可对语气进行标注	以"秒"为单位	对 PPT 的呈现形式、动画效果等进行说明 如采用"现场讲解"方式录制,可对演讲人动作要求加以说明
2				

使用说明：

1. 本模板适用于根据"教学设计"文件制作的以 PPT 为核心展示形式的微课。

2. 在正式录制微课前，必须完成脚本和 PPT 的制作，因这两个文件互为参照，故并不硬性规定完成的先后顺序，但两个文件的内容应保持一致。

3. 红色字为模板使用说明，请替换为需要填写的内容或予以删除。

4. 本文件填写完成后，可使用"课程名称＋录制脚本－作者姓名"的格式命名。

5. 填写前可参照范例文件："ABCD 法撰写学习目标"录制脚本（见表 A-4）。

6. 课程分类包括：通用类、管理类、专业类、品牌文化类。

7. 每门课程录制前，至少应有 1 名审核人员，并在表中签字。

【范例】"ABCD 法撰写学习目标"录制脚本

表 A-4 微课脚本范例

分类	专业选修——专业知识		撰写人	李佳佳	审核人	徐湧
题目	ABCD法撰写学习目标		撰写日期	2014-08-03	审核日期	2014-9-20
脚本说明	总时间:约7分钟,幻灯片总数:18页 呈现形式:PPT配画外音解说,PPT制作尽可能图像化,适当使用动画表现					
编号	PPT内容	解说词		时长(秒)	效果说明	
1	ABCD法撰写学习目标	无		3		
2	学习目标	我们都知道学习目标的撰写对于教学系统设计来说非常重要,好的学习目标需要清晰、明确地说明学习者在经过培训以后可以做什么。		15	背景黑板、粉笔图片	
3	ABCD法	那么,怎样撰写出好的学习目标呢?偷偷传授给你一套心法:只要四个字母——ABCD。		9		
4	学员能够熟练使用电子支付工具进行b2b、b2c、c2c平台上的模拟商务活动	这四个字母分别是什么含义呢?别急,我们先来看一个利用这一秘诀写成的学习目标。这样短短的一个句子里,已经包含了ABCD四个字母,是一个表述明确的学习目标了。到底这是怎样的秘诀呢?听我一一道来。		30		
5	Audience 受众 主语	A指的是受众,也就是学生、培训中的学习者。学习目标的施动者就是学生,因而在撰写学习目标时,受众应该是主语,通常默认为"学生"。		16	配图片	
6	Behavior 行为(图示)	B是指行为。我们用行为来描述学生在接受培训之后可以做什么,可以说,行为是学习目标中的核心。		12	配图片	

续 表

编号	PPT 内容	解说词	时长（秒）	效果说明
7	Behavior 行为 外显行为	我们常常用动词来描述行为，要注意的是，为了让学习目标易于被观察和测量，我们采用的动词最好是描述外显行为的，比如"解释"、"说明"、"给……下定义"等；"理解"、"感受"等比较抽象的动词是不合适的。	30	配图片
8	Behavior 行为（示例）	例如"理解时间管理矩阵的原理和使用步骤"这一目标表述比较含糊不好判断，可以改为"学生能阐述时间管理矩阵的原理并按照使用步骤运用其进行时间管理"。	20	"理解、阐述、运用"用红色突出表示
9	Behavior 行为（示例）	在示例中，"进行模拟商务活动"就是外显的行为，我们可以轻易通过学生是否可以"进行"这项活动而判断是否达成了培训的学习目标。	15	"模拟商务活动"用红色突出表示
10	Condition 条件（环境、设备、工具、参考资料）	C 即为条件。条件是指学生在发出行为时所处的情景、环境及使用的工具等，可以包括环境、设备、参考资料、人以及问题的明确程度等等。	18	配图片
11	Condition 条件（图示）	我们常提出的限制条件等都属于条件：比如"可借助字典"是信息因素、"可使用计算机"是设备因素、"通过小组讨论"是人的因素、"给出一段材料"是问题明确性因素等等。	15	配图片
12	Condition 条件（示例）	在示例中，哪个部分属于条件 C 呢？那就是我们提供的条件——"使用电子支付工具"和"b2b、b2c、c2c 平台上"。	16	"使用电子支付工具" "b2b、b2c、c2c 平台上"用红色突出表示

续　表

编号	PPT 内容	解说词	时长（秒）	效果说明
13	Degree 标准（准确度、速度、时间、距离、数量）	D 指的是标准，也就是我们通过怎样的标准来评判学习者的行为是否合格。为了使得学习目标易于被观察和测量，我们需要对学习者行为的标准进行具体的描述。我们常常采用的标准包括准确度、速度、时间、距离、数量等等。	30	配图片
14	Degree 标准（示例）	比如这个示例中的"1 小时内"是时间的标准，"50 个"是数量的标准。	15	"1 小时内""50 个"用红色突出表示
15	Degree 标准（示例）	在示例中，"熟练"就是对学员的要求，也就是 D 标准。	10	"熟练"用红色突出表示
16	通过 excel 操作培训课程的学习，学生能够使用 excel 软件准确无误地制作公司季度财务报表	怎么样？ABCD 的秘诀是不是非常实用？你会熟练运用这个秘诀了吗？让我带你来复习一下：在这一学习目标中，ABCD 分别是哪部分呢？没错，A 即为主语"学生"，B 是动词"制作财务报表"，C 条件"使用 excel 软件"，而 D 则体现在标准"准确无误"。你答对了吗？	30	用标注线引出 ABCD
17	ABCD（图示）	不知你有没有发现，A 也就是主语通常是默认的"学生"，在接受培训的对象类型比较单一时可以省略。事实上，梅格曾经提出过撰写学习目标的三部曲法，就是只含有"行为"、"条件"和"标准"三个要素的学习目标。ABCD 法正是在三部曲法的基础上添加了"对象"元素形成的。经过练习，你已经掌握了这个秘诀了吧？尝试用 ABCD 为你知道的培训课程编写一个学习目标吧！只有多多练习，这套秘诀才能被熟练运用哦！	40	
18	片尾	无	5	

后记 不忘初心，方得始终

经过3个多月、22位小伙伴的通力合作，本书终于要面世了！说实话，我内心里既激动，又忐忑。激动的是，我参与了一次高效的集体共创，在一个总体框架之下，集合了许多人的实战经验，虽然我自己撰写了近一半的内容，但要是没有他们，可能根本就不会有这本书，也不可能这么快就能让大家参阅。但是，激动之余，让我忐忑的是，本书并不完美，文中的许多观点、经验，都不敢说科学、完整，也需要更多的实践检验。

最终让我下定决心将本书付印的，是一句中国古语：不忘初心，方得始终。我牵头撰写本书的初心是"本组织学习之源、集众人实践之智"，虽然我们不完美，但这些观点、经验都有出处，也经过了初步的实践检验，可能对大家有价值、有帮助。所以，我本着分享、奉献的精神，怀着开放的心态，愿意接纳任何批评、意见和建议。我相信，我们整个共创团队均是如此。基于我们的不断实践和你的反馈，我们会不断地进行优化。

我与微课的缘分可以追溯到2012年，当时我作为国内领先的e-Learning供应商上海时代光华教育发展有限公司副总裁、首席知识官（CKO），负责其研究院的工作，包括技术平台、内容与解决方案的研发与实施。基于我之前对组织学习的研究，我提出在线学习内容要进行包括"微化"在内的若干变革（如移动化、游戏化、社会化、嵌入化等），并进行了一些实践探索；之后，我加入国内领先的移动学习供应商捷库动力信息技术有限公司，担任首席学习官（CLO），参与移动业务支持系统（Mobile Performance Support）产品化的设计、研发工作，并与一些客户进行了大量交流。其中，我和 Daniel Thurston（和丹峰）、杨逍、李艳等，就微课的设计与制作进行了大量研讨，并共同服务于一些客户。

　　基于众多的实践和思考，我认为，当今时代，企业学习正在经历一场深刻的变革，主要驱动力来自"新人类"成长为职场主力军、"新技术"的推动、"新商业环境"的变化，以及一些优秀企业"新实践"的引领。在这场革命的浪潮之中，以"微课"为代表的新型学习资源和教学设计与实施模式，如慕课（MOOCs）、翻转课堂、新社会化学习等，如火如荼，受到了企业的广泛关注。

　　但是，作为一种新事物，"微课"既不是 e-Learning 课件的翻版，也不是传统课程开发模式的简单切割，微课需要我们进行深入的探索，基于对大量实践经验的提炼，找出"微课"的规律，以及符合实际的微课设计与制作规范。这并不容易。事实上，任何一项新事物的发展都不是一帆风顺的，也往往少不了浮躁、泡沫和无序。在这个过程中，涌现了很多对微课的误解、误导，各种浅薄、急躁、不负责任、急功近利的炒作，搞得大量想开发微课的实践者无所适从。

　　作为一名关心中国企业学习发展的"老兵"，我感觉有必要为微课"鼓与呼"，有必要花一些精力对微课进行研究。正逢《培训》杂志发起了"中国企业微课大赛"，我作为标准组专家，参与讨论、制定了"微课大赛评选标准"，也开发了"企业微课设计与制作"培

后记 不忘初心，方得始终

训课程，经过实际检验是行之有效的，并于2015年7月11~12日，对近20位大赛导师和部分选手进行了专题培训与研讨。在那次培训过程中，我也见识了许多导师和选手摸索出来的"绝招"和诀窍。于是，当场萌生了由我牵头、集合优秀实践专家之长，为所有想开发微课的实践者撰写一本实践操作指南的想法，得到了大家的一致响应。

那次培训之后，我提出了本书的第一版提纲，大家自愿进行了"任务认领"和分工。之后，大家分头撰写提纲，发给我审阅，基于我的意见进行了修改；我则对本书的架构进行了进一步优化，定向邀请了一些小伙伴加入共创团队，并着手准备本书的内容。

创作团队及分工

姓名	参与/负责	简介
邱昭良	全书	发起倡议、邀请伙伴、拟定提纲、撰写内容，并修改/审核共创伙伴的文稿
李海燕	第3章第2节	撰写"以微课满足员工五个学习需求时刻"部分
周鹏	第4章第2节、第5章第1节	提供案例、分享经验，参与微课选题部分的撰写
庄进城	第5章第1节	分享经验，撰写微课选题之业务需求挖掘
李文德	第5章第3节	贡献智慧成果
贺丹	第5章第4节	分享经验，参与微课内容结构设计部分的撰写
陈娟	第7章第1节	参与撰写PPT转视频的实际操作
张启东	第7章第2节	撰写用Evercam制作微课
李峰	第7章第3节	撰写用Explain Everything制作微课
何佳瑾	第7章第4节	撰写用Articulate制作微课
娄志强	第7章第5节	撰写用炫页制作H5微课

续 表

姓名	参与/负责	简介
刘宁	第8章第1节,第9章第2节,附录1&2	协助整理微课开发的常见误区,并提供微课教学设计模板与范例、微课脚本模板与范例
李家强	第8章第2节	贡献智慧成果
邱阳	第8章第3节	撰写设计并优化页面布局
张爽	第8章第4节	撰写提高微课的颜值
郭苑洁	第8章第5~6节	撰写如何录制微课及声音优化
尚岩	第10章第1节	贡献智慧成果
陈丽娴	第10章第2节	贡献智慧成果
姚敦隽	第10章第3节	贡献智慧成果
张昆	第10章第4节	贡献智慧成果
李莉	统筹协调	组织、服务、协调
李良	统筹协调	协助进行进度管理(号称"小监工")

在这个过程中,在刘宁、李莉、陈鹏、北京师范大学在职研究生李佳燊等的协助下,我们还进行了中国企业微课实践调查。李莉、李良承担了组织、服务工作,协助我进行进度管理。同时,刘宁与《培训》杂志主编常亚红进行沟通,确定了出版意向。

最后,由我对自己和各位伙伴提供的内容进行了整合、修改。初稿经过常总审阅,进行了少量修改。

在我看来,微课将是大势所趋,越来越多地渗透入企业学习体系之中;从实践开发者的角度看,微课既有一定科学性,更是一门"手艺",离不开大量实践和精益求精。为此,希望大家积极投身于微课开发的洪流中,快速学习、不断提高,一起顺应企业学习变革的大趋势。

如果本书能对你的实践有些许帮助,我都感到欣慰!期待你的反馈!

作者简介

（排名不分先后）

邱昭良	管理学博士，高级经济师，中国学习型组织网创始人，中国企业大学联席会轮值副主席，《培训》杂志专家委员、国际组织学习协会(SOL)、人才发展协会(ATD)、美国项目管理协会(PMI)会员、认证项目管理专家(PMP)，现任北京学而管理咨询有限公司总裁。 邱博士从事组织学习(学习型组织)研究与实践20余年，师从全国人大副委员长成思危教授、南开大学商学院院长李维安教授，博士论文得到彼得·圣吉的指导，理论功底深厚、学术造诣高。 在联想集团工作近8年，曾任ERP项目总监助理、高级经理、董事长业务助理；某民营集团公司首席运营官(COO)、万达管理学院副院长、时代光华副总裁、CKO、捷库动力首席学习官，具有丰富的企业经营与管理实务经验，引领学习技术应用发展；并曾为中石化、中国航天、中国移动、中国电信、中国银行、中国工商银行、国家电网、首钢、中粮、联想、康佳、创维、江淮汽车、中国建材等数百家企事业单位提供组织学习、知识管理、系统思考、信息化建设、管理能力提升等咨询与培训服务。 著有《复盘+：把经验转化为能力》《系统思考实践篇》《学习型组织新实践》《学习型组织新思维》《企业信息化的真谛》，译著包括《创建学习型组织五要素》《学习型组织行动纲领》《系统思考》《情景规划》《欣赏式探询》《U型理论》《系统之美》《新社会化学习》等，并在国内专业报刊杂志上发表相关论文100余篇。 专长领域：组织学习(学习型组织)、知识管理、学习技术应用、组织发展与变革管理、系统思考。
李海燕	中国人民大学继续教育学院特聘专家，中国地质大学MBA客座教授。历任威高集团副总裁，国美控股集团人力资源总监，鹏润地产人力资源总监，北大方正人力资源总监等职务。《培训》杂志专家理事，《中外管理》杂志专栏作者。首届中国企业微课大赛标准组成员。

续 表

周鹏	阳光大学职业化中心负责人,专注企业培训和学习发展工作十多年,在学习体系构建和学习内容研发方面有着丰富的实践经验。
庄进城	柒牌大学执行校长,中山大学管理学院MBA,PMP。拥有丰富的营销管理咨询与培训经验,近年专注于人才管理,将品牌资产和咨询方法论植入到人才培养中,在搭建企业学习与发展生态系统的同时,助推业务绩效改善、文化传承与企业变革。
李文德	文德课程定制工作室创始人、拥有20年专业培训咨询经验,丰富的电信运营商、IT通信、银行、能源等行业服务经验,在组织经验萃取、课程开发等方面有丰富的项目经验,是多家企业常年培训顾问,开发过数十个关键人才培训体系、300门以上企业内部定制课程,培养过3000位以上课程开发人员。
贺丹	北京慧之桥咨询有限公司高级培训顾问,曾经获得人力资源和社会保障部营销师职业讲师,拥有20年在培训咨询行业管理、授课经验,曾参与人力资源和社会保障部国家高级营销师培养、中国汽车工业协会汽车营销师培养等大型项目。
陈娟	远光软件股份有限公司远光大学培训专员,中南财经政法大学硕士研究生,近6年培训相关工作经历,尤其擅长培训方案策划和大型培训项目操作等,在企业已成功策划组织微课大赛,共计输出百余份微课作品。
张启东	快课网创办人,中国人民大学培训经理认证项目特聘专家,复旦大学工商管理硕士,原时代光华高级副总裁。1999年首次创办在线培训导航站,2005年合伙创办上海时代光华,2013年创办快课网。使命:消除学习浪费,实现精益学习。
李峰	资深微课开发师,快课网微课首席策划师,上海市第一批多媒体高级制作员,曾任多家大型企业及政府事业单位课件媒体开发顾问和多媒体课件制作师。2012年开始研究微课的开发和应用,擅长低成本微课开发技术,以及企业大规模微课开发规划与技术选型。
何佳瑾	领先课件培训中心创办人,资深e-Learning课件专家,Articulate认证培训师。2001年开始从事课件开发研究工作。近年来致力于"专兼职师资"队伍建设,让老师们1~3天学会制作网络课件,轻松实现网络培训和移动学习。多家世界500强工作经历。北京大学MBA。

续表

娄志强	美国项目管理协会认证项目管理专家（PMP），江苏云学堂网络科技有限公司炫页网产品线产品经理、服务副总裁，有多年软件行业产品质量、项目管理及产品研发经验。
刘宁	中国人民大学继续教育学院培训事业部部长，2001年起开始从事网络教育工作，拥有14年网络教育运营管理经验；2010年开始承担面向企业的培训项目研发工作，2012年正式推出国内首个培训经理专业认证项目，该项目现已成为面向培训管理者的优秀品牌课程。
李家强	中国管理咨询/教练/培训名家，中国最早一批国际化职业培训师的代表，摩托罗拉大学第一位中国籍培训师导师。美国芝加哥大学管理硕士。拥有近20年国内外政府、国企和霍尼韦尔、BP、柯达等全球500强企业的业务和高层管理工作经验。任多家中外咨询机构专家级签约顾问，中轻资源、唯品会等多家企业常年管理顾问，《培训》杂志专家委员会成员。曾受邀到美国、新加坡、韩国等国家和地区为企业提供咨询及培训服务。
邱阳	铭师坊高级讲师，国家高级企业培训师，国家高级企业人力资源管理师，广东省人力资源管理师考评员，中国大学生职业发展网特聘企业导师。作为专业培训师，一直专注于课程开发与PPT在企业培训管理中的应用。
张爽	美术学院专业背景、国际职业培训师、国家心理咨询师认证；熟悉各类企业课程风格，十多年课程呈现积累，善于从学习者心理开发课程，用艺术设计视角呈现课程，从企业培训角度应用课程。曾设计创立知名品牌课程超过500门，为100多家企业传授"课程呈现"，被学员称为"呈现课程之美的美女老师"。
郭苑洁	声音教练，原北京电台培训中心艺术语言项目负责人，北京市普通话水平测试员，社会艺术水平考级考官，具有多年播音主持工作经验，毕业于北京广播学院，曾在中央电视台、南京音乐台等任主持人、播音员及配音工作，参与多部广播剧、小说、对外汉语教学音响制品的录制，并有十余年企业管理培训经验。
尚岩	曾任万达学院教学部副总经理，万达集团官方出版书籍《商业地产投资与建设》培训章节撰稿人；万达学院"复盘项目"、"全业务流程模块化管理项目"负责人；精品案例研究项目组核心成员；"11130教学法"开发及推广项目组主创人员。

续　表

陈丽娴	京东大学——商城学院负责人，长期植根于京东的专业力知识体系搭建，开创了"敏捷式课程开发工坊"和"最佳实践萃取四步法"等开发模式。擅长将教学设计原理演绎成简单的模板、工具和模型，让业务专家轻松套用，从而快速开发出精悍接地气的微课程。
姚敦隽	管理学硕士，中信银行信用卡中心培训与发展中心高级培训规划岗，主要负责企业内部课程开发与管理、学习技术引入与创新等工作。六年培训管理与管理咨询经验，曾任国内某咨询公司高级咨询顾问和某集团人才发展经理。
张昆	新奥大学学习与发展经理，课程开发师，高级讲师、催化师，《培训》杂志微课大赛导师。八年来专注于课程设计与开发实践，有丰富的实务操作经验。
李莉	拥有十余年培训相关工作经验，现任《培训》杂志和中华社会救助基金会联合主办的"云学堂杯"中国企业微课大赛组委会副秘书长，大赛运营总监。
李良	万华集成房屋（烟台）有限公司人力资源总监。十余年人力资源管理从业经验，致力于探索移动互联网背景下的企业学习新模式和新工具，擅长企业内部微课脚本开发与视频类微课拍摄。

图书在版编目(CIP)数据

玩转微课:企业微课创新设计与快速开发/邱昭良
等著.—南京:江苏人民出版社,2016.2
ISBN 978-7-214-17258-7

Ⅰ.①玩… Ⅱ.①邱… Ⅲ.①课程设计 Ⅳ.
①G423

中国版本图书馆 CIP 数据核字(2016)第 010532 号

书　　名	玩转微课:企业微课创新设计与快速开发
著　　者	邱昭良　等
出版策划	杨　健
责任编辑	陈　茜
责任监制	陈晓明
出版发行	江苏人民出版社
出版社地址	南京市湖南路1号A楼,邮编:210009
出版社网址	http://www.jspph.com
照　　排	江苏凤凰制版有限公司
印　　刷	江苏凤凰通达印刷有限公司
开　　本	718毫米×1000毫米　1/16
印　　张	17.25
字　　数	150千字
版　　次	2017年6月第2版　2018年7月第2次印刷
标准书号	ISBN 978-7-214-17258-7
定　　价	58.00元

(江苏人民出版社图书凡印装错误可向承印厂调换)